车身结构与附件拆装

（第2版）

主　编　易昌盛　罗　伟
副主编　谢成嗣　吴旭亮
主　审　余晨光

BEIJING INSTITUTE OF TECHNOLOGY PRESS

内 容 简 介

本书系统地介绍了车身结构类型及特点、拆装工具的规范使用方法、车身附属设备拆装工艺等，共有 17 个学习任务：轿车车身结构的认知、车身常用拆装工具的使用、汽车保险杠的拆装与调整、汽车车灯及灯泡的拆装与更换、前翼子板的拆装与调整、发动机舱盖的拆装与调整、行李舱盖的拆装与调整、车窗玻璃及玻璃升降器的拆装与更换、门锁机构的拆装与更换、后视镜的拆装与调整、车门总成的拆装与调整、车身密封条的拆装与更换、车身装饰件的拆装与更换、汽车风窗玻璃的拆装与更换、汽车座椅及安全带的拆装与更换、汽车仪表台的拆装与更换、汽车天窗机构的拆装与调整。

本教材文字精炼、通俗易懂、图文并茂、形象直观，教材理论内容"必需、够用"，实操内容贴合企业一线实际，符合"1+X 证书"相关要求，充分体现"做中学、学中做"的职教思想。

本教材适用于汽车运用与维修、汽车车身修复、汽车备件营销等汽车类专业教学用书，也可作为汽车维修行业相关人员参考书籍使用。

图书在版编目（CIP）数据

车身结构与附件拆装 / 易昌盛，罗伟主编 . —2 版 . —北京：北京理工大学出版社，2021.5

ISBN 978-7-5682-9843-8

Ⅰ . ①车… Ⅱ . ①易… ②罗… Ⅲ . ①汽车—车体结构—职业教育—教材②汽车—车体—附件—装配（机械）—职业教育—教材 Ⅳ . ① U463.8

中国版本图书馆 CIP 数据核字（2021）第 093173 号

出版发行 / 北京理工大学出版社有限责任公司
社　　址 / 北京市海淀区中关村南大街 5 号
邮　　编 / 100081
电　　话 /（010）68914775（总编室）
　　　　　（010）82562903（教材售后服务热线）
　　　　　（010）68948351（其他图书服务热线）
网　　址 / http://www.bitpress.com.cn
经　　销 / 全国各地新华书店
印　　刷 / 定州市新华印刷有限公司
开　　本 / 889 毫米 ×1194 毫米　1/16
印　　张 / 13.5
字　　数 / 255 千字
版　　次 / 2021 年 5 月第 2 版　2021 年 5 月第 1 次印刷
定　　价 / 49.00 元

责任编辑 / 多海鹏
文案编辑 / 多海鹏
责任校对 / 周瑞红
责任印制 / 李志强

近几年，随着我国科学技术的发展和人们生活水平的提高，汽车行业得到了迅速发展，汽车保有量呈现快速增长的趋势。据统计，2020年我国汽车保有量已突破2.6亿辆，超过美国成为全球第一。然而，随着汽车的增多，交通事故也频繁发生，导致汽车车身方面的维修量不断加大，而目前从事汽车车身维修方面的从业人员素质普遍较低、技术参差不齐，一些职业学校所使用的教材普遍存在以下几个方面的问题：

（1）理论性知识偏多、难度较深，实践性操作不够；

（2）学生反映难理解，教师反映不好教；

（3）企业反映脱离实际，与岗位能力不相符；

（4）立体化程度不够，教学资源质量不高，教学方式相对落后。

《车身结构与附件拆装》自2014年出版以来，作为中职院校汽车运用与维修、汽车车身修复及相关专业（如"车身结构与附属设备"课程）的技能实训教材，受到了职业院校同行们的一致认可。

为了体现现代职业教育理念，贴近汽车类专业实际教学目标，促进"教、学、做"更好地结合，突出对学生技能的培养，使之成为高素质技能型人才，结合使用院校反馈的意见以及《汽车运用与维修（含智能新能源汽车）1+X证书制度职业技能等级标准》的具体要求，在第1版的基础上重新编写了《车身结构与附件拆装》。本教材内容的选取注重理论与实践相结合，其操作内容结合汽车维修企业现状，摒弃了过时和难度较大的内容，具有很强的实用性与针对性。

本教材系统地介绍了车身结构的类型及特点、拆装工具的规范使用方法、车身附属设备的拆装工艺等内容，共有17个学习任务：轿车车身结构的认知、车身常用拆装工具的使用、汽车保险杠的拆装与调整、汽车车灯及灯泡的拆装与更换、前翼子板的拆装与调整、发动机舱盖的拆装与调整、行李舱盖的拆装与调整、车窗玻璃及玻璃升降器的拆装与更换、门锁机构的拆装与更换、后视镜的拆装与调整、车门总成的拆装与调整、车身密封条的拆装与更换、车身装饰件的拆装与更换、汽车风窗玻璃的拆装与更换、汽车座椅及安全带的拆装与更换、汽车仪表台的拆装与更换、汽车天窗机构的拆装与调整。每个学习任务的设置都是以企业实际发生的案例引入，配备"必需、够用"的理论知识，以实际拍摄的照片和简练的文字阐明每个具体工作任务的操作流程与方法，使学生易于理解。同时，为引导学生学习，结合每个工作任务设计了考核评价手册，方便了学习与教学。教材内容的编写具有以下特点：

（1）任务驱动，工学结合

本教材采用任务驱动式结构进行编写，每个任务先通过"工作情境描述"引出工作任务，然后通过"知识准备"介绍该任务涉及的知识内容，接着通过"任务实施"给出工作任务的具体实施步骤，最后通过"考核评价手册"对完成的工作任务进行反馈和总结。这种结构模式让学生以完成工作任务为目标、以实践过程为导向，引导学生积极思考、乐于实践、善于总结，使学生在课堂上"动"起来，变传统的被动学习为主动学习，真正实现"工学结合"，也充分体现了"做中学、学中做"的职教思想。

（2）体例合理，图片丰富

本书在编写过程中穿插了如"温馨小贴士""注意"小模块，以提高学生的学习兴趣，丰富知识结构。同时，大量的结构原理图片和高清实物照片能生动展示汽车车身结构组成和拆装过程等，为学生营造一个直观的认知环境。

本教材可作为中、高职院校汽车运用与维修、汽车车身修复、汽车备件营销等汽车类专业教学用书，也可作为汽车维修行业相关人员的参考书籍，建议学时为118学时。

本教材由武汉市交通学校易昌盛、罗伟担任主编，武汉城市职业学院谢成嗣、武汉神龙鸿泰汽车销售服务有限公司吴旭亮担任副主编，武汉理工大学余晨光教授担任主审。

在教材的编写过程中，学校老师与企业技术人员共同参阅了大量汽车技术资料和公开出版的教材，并以雪佛兰新科鲁兹轿车作为实际教学用车，在此一并表示感谢。由于时间仓促及编者水平有限，书中难免有疏漏和错误之处，恳请广大读者提出宝贵建议，以便进一步修改和完善。

编　者

目录

学习任务1
轿车车身结构的认知

工作情境描述 →

　　一辆高速行驶的轿车因避让前方故障车辆而撞上隔离墩，发生倾翻事故。你作为车身维修技术人员，在维修前，需要对车身基本结构有一定认知，且能准确识别车身覆盖件及结构件的损伤情况，并根据原厂技术标准对损伤件做出维修或更换的正确选择。

学习目标 →

完成本学习任务后，你应当能：

（1）了解车身结构的分类及特点；

（2）熟知前置前驱承载式车身结构、连接关系和特点；

（3）介绍车身覆盖件及结构件的名称、连接关系和特点。

一、知识准备

（一）车身结构分类

　　汽车车身是驾驶员的工作场所，也是载人、载物的场所，汽车上的大部分零部件都安装在车身或车架上。随着现代汽车技术的发展，在车身的设计制造上采用了许多新技术、新工艺、新材料等，汽车的车身结构越来越向着安全、节能、舒适和实用等方向发展。

汽车车身结构随车型不同而有所差异，但总体上是很相近的。通常按车身承载方式、外形和结构大致可分为以下几类。

1. 按照车身承载方式分类

汽车车身按照其承载方式一般可分为非承载式车身和承载式车身。

1）非承载式车身

如图1-1所示，非承载式车身也称为车架式车身，其发动机、悬架等总成都直接安装在车架上，车身通常用螺栓固定在车架上，为了减少车厢内的噪声和振动，车身与车架之间除了放置特制橡胶块以外，还安装了减震器，将振动减至最小。

非承载式车身结构的特点：独立的车架拥有足够的强度和刚度，承受大部分载荷，车身壳体不承受或仅在很小程度上承受来自底架弯曲或扭曲变形所引起的部分载荷。

由于是柔性连接，又安装了减震器，故车辆可以很好地吸收来自各方面的冲击，减振效果较好，且具有工艺简单、易于改装、通过性好、安全性好、维修方便等优点。

非承载式车身的缺点：质量大、承载面高、成本高等。目前非承载式车身广泛用于货车、大客车和专用汽车，有些高级轿车和SUV（包括越野车）也采用这种结构的车身。

2）承载式车身

如图1-2所示，承载式车身又称为整体式车身或一体式车身，没有独立的车架，车身以整体结构承受全部载荷，是其他所有零部件的安装本体。

图1-1　非承载式车身
1—车身；2—车架

图1-2　承载式车身

承载式车身是由薄钢板冲压成形的构件组焊而成，生产工艺性好，质量轻，结构紧凑，承载面低，因此高速行驶的稳定性得以提升。另外，车身部件具有均匀承受载荷并使其扩散的性能，对冲击能量的吸收性好，提高了汽车的安全性能。当前大部分的轿车均采用承载式车身。

承载式车身的缺点是：底盘部件与车身接合处在汽车运动载荷的冲击下易发生疲劳损伤，乘员室容易受到来自底盘的振动与噪声的影响，并且车身损坏后修复难度大。

2. 按照车身外形分类

轿车根据外形可分为两厢式和三厢式轿车。两厢式轿车后部形状按较大的内部空间设计，将乘员室与行李舱同一段布置，如图 1-3（a）所示。三厢式是一种较为流行的有代表性的车型，发动机舱、乘员室、行李舱分段隔开，形成相互独立的三段布置，故称为三厢式轿车，如图 1-3（b）所示。

（a）　　　　　　　　　　　　　　　（b）

图 1-3　两厢式与三厢式轿车
（a）两厢式轿车；（b）三厢式轿车

3. 按照轿车车身结构分类

1）普通轿车

这种轿车一般有前座和后座，可分为 2 门、4 门或 5 门（掀背式）轿车，如图 1-4 所示。

2）敞篷车

敞篷车是指带有折叠式可开启车顶的轿车。敞篷车按照车顶的结构可以分成硬顶车和软顶车。软顶车更为常见，通常采用帆布或塑料为车顶材料，配以可折叠的支架。硬顶车的车顶为金属材质，通常可以自动开合。这种轿车通常没有门柱或中立柱，可以分为 2 门或 4 门轿车，如图 1-5 所示。

图 1-4　普通轿车

图 1-5　敞篷车

3）掀背式轿车

这种轿车分为 3 门和 5 门轿车（见图 1-6），车尾部有背门，后风窗玻璃连同背门一起向上开启。

4）旅行车

这种轿车分为3门和5门轿车，如图1-7所示，顶部向后延伸至全车长，车后部有宽敞的行李舱。

图1-6　5门掀背式轿车

图1-7　旅行车

5）多功能车（SUV）

这种轿车通常采用四轮驱动，离地间隙比一般轿车高，常归类于越野车，如图1-8所示。

6）厢式车

这种轿车的厢形车身宽大而增加了内部空间，如图1-9所示。

图1-8　多功能车（SUV）

图1-9　厢式车

7）客货两用车

这种车通常称为皮卡车，它的驾驶室和车架通常是独立的，如图1-10所示。

（二）承载式车身壳体结构

承载式车身结构有三种基本类型，即前置前驱（FF）、中置后驱（MR）和前置后驱（FR）。由于上述三种类型车身的结构基本相似，故本教材仅以最为常见的前置前驱轿车的车身壳体结构为例进行介绍。

图1-10　皮卡车

前置前驱发动机横置的前车身主要由散热器支架、前纵梁、前挡泥板、前横梁、前围板等构成，如图1-11所示。

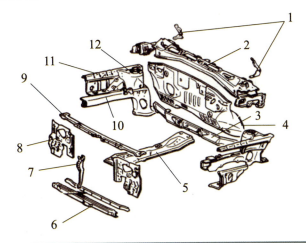

图 1-11   前置前驱发动机横置的前车身结构

1—发动机舱盖铰链；2—前围上盖板；3—转向齿轮箱支撑梁；4—前围板；5—发动机安装中间梁；
6—前横梁；7—发动机舱盖锁支架；8—散热器侧支架；9—散热器上支架；
10—前纵梁；11—前挡泥板；12—前减震器支座

😊 **温馨小贴士：**前车身的精度对于前轮定位有直接影响，因此在完成前车身维修以后，一定要检查前轮的定位参数是否符合原厂标准。

前置前驱的中车身结构包括侧车身、车底板、车顶盖和车门等。

1. 侧车身

侧车身也称为侧围，如图 1-12 所示。前柱、中柱、车门槛板、车顶纵梁等部位都采用三层板设计，并且都采用了高强度钢材质，以减轻来自前后方、侧面碰撞引起的车身中部变形。

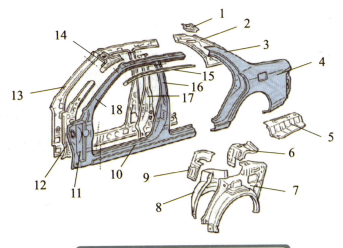

图 1-12 前置前驱的侧车身结构

1—翼子板延伸板内板；2—车顶侧内板；3—C 柱；4—后翼子板；5—后底板至后翼子板延伸板；
6—支撑板；7—后翼子板轮弧外板；8—后翼子板轮弧内板；9—支撑板至车底板连接板；
10—门槛板外板；11—前柱上外板；12—前柱下加强梁；13—前柱上内板；14—前柱上加强梁；
15—车顶流水槽；16—B 柱；17—中柱加强梁；18—A 柱

2. 车底板

底板纵梁用高强度钢制成，位于乘坐室两侧下端，又称门槛板内板。由于前置前驱车身没有中间的传动轴，车底板拱起空间没有前置后驱车辆大，因此，能够提供较大的腿部活动空间，如图1-13所示。

3. 车顶盖

车顶盖为整体式大型冲压板件，如图1-14所示。其作用不只是挡风遮雨，它还可以提高部件的刚性，在汽车翻车时起到保护乘员安全的作用。

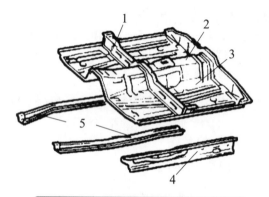

图1-13　前置前驱的车底板结构
1—底板横梁；2—底板拱起；3—前底板；
4—底板纵梁；5—底板下加强梁

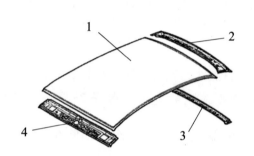

图1-14　车顶盖
1—车顶盖；2—顶盖后横梁；
3—顶盖加强梁；4—顶盖前横梁

4. 车门

车门包含了外板、内板、加强梁、侧防撞钢梁和门框，如图1-15所示。

前置前驱的后车身上部由后背门（三厢式轿车为行李舱盖）、后轮罩内板、后轮罩外板、后围板等构成，如图1-16所示；下部由行李舱底板、后底板横梁和后纵梁等构成，如图1-17所示。因其前置前驱燃油箱安装在中间底板下面，使得后纵梁的高度比后轮驱动汽车的低。当发生后部碰撞时，对后轮定位的影响比后轮驱动汽车要大得多，因此，每次在后车身维修完成后都应当检查后轮的定位。

前置前驱轿车的车身覆盖件由前保险杠蒙皮、发动机舱盖、翼子板、车门、行李舱盖等构成，如图1-18所示。这些薄壳外覆盖件相互衔接或过渡，既遮盖了车体内部的"杂乱"，又充分表达出设计师对汽车外在造型上的美学追求。

图1-15　车门
1—门框；2—加强梁；3—外板；
4—侧防撞钢梁

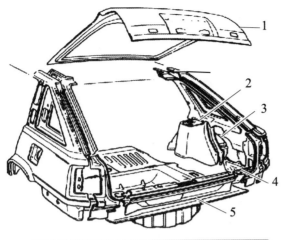

图 1-16　前置前驱后车身的上部结构

1—后背门；2—后轮罩内板；
3—后轮罩外板；4—后围板；5—下后板

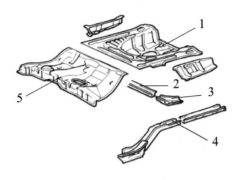

图 1-17　前置前驱后车身的下部结构

1—行李舱底板；2—后底板横梁；
3—后悬架弹簧座；4—后纵梁；5—中间底板

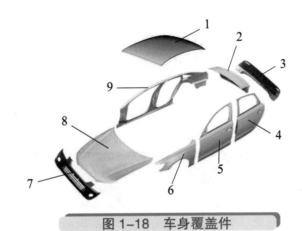

图 1-18　车身覆盖件

1—车顶盖；2—行李舱盖；3—后保险杠蒙皮；4—后车门；5—前车门；6—前翼子板；
7—前保险杠蒙皮；8—发动机舱盖；9—侧围板

二、任务实施

承载式车身结构的认知。

（一）项目说明

学生到达实训场地后，根据现有实训条件进行有效分组。指导教师和辅助教师（若条件不允许，可由班长代替）分别带领小组学员依次认知承载式车身各组成部件并了解和掌握它们的连接关系及特点。

（二）技术要求与标准

（1）一名学员能在 25 min 内完成此项目。

（2）技术标准。

承载式车身各部件名称及连接关系描述正确。

（三）工具、设备和材料

（1）实训车辆。

（2）承载式白车身。

（3）手套、清洁抹布等辅料。

（4）维修手册。

（四）作业准备

（1）设备准备。

（2）分别在实训车辆及白车身上粘贴数字标识。

（3）记录单准备。

（五）实施与总结

（1）根据教学实际，按工位多少进行有效分组，并选出小组负责人。

（2）仔细观察实训车辆上数字标识所对应的车身覆盖件，按要求填写各类覆盖件名称及连接关系至表1-1。

表1-1　车身覆盖件识别记录单

组别	车型	作业日期
序号	覆盖件名称	连接关系
1		
2		
3		
4		
5		
6		
7		
8		
9		
10		
结论	□合格　□基本合格　□不合格	
分析优点与不足		

（3）仔细观察白车身上数字标识所对应的车身结构件，按要求填写各类结构件名称及连接关系至表 1-2。

表 1-2　车身结构件识别记录单

组别	车型		作业日期
序号	结构件名称		连接关系
1			
2			
3			
4			
5			
6			
7			
8			
9			
10			
结论		□合格　　□基本合格　　□不合格	
分析优点与不足			

（4）分组讨论结构特点并由组长发表小组观点。

（5）教师总结点评。

学习任务 2
车身常用拆装工具的使用

工作情境描述 →

　　小张被学校推荐到一家汽车 4S 店参加校外生产实习，企业售后主管想考察一下小张有关汽车维修的基本知识和技能，安排相关人员准备了一些常用的车身拆装工具让小张按照规范操作，看小张能否胜任。

学习目标 →

　　完成本学习任务后，你应当能：

　　（1）熟知各类车身常用拆装工具的特点及用途；

　　（2）正确选择及规范使用各类车身常用拆装工具。

一、知识准备 》》》

（一）车身通用型工具的使用

　　在汽车车身装配、改装及日常维修中，经常需要拆装车身相关部件及附属设备。因此，学会正确选择及规范使用各类车身拆装工具是顺利完成工作的关键。

　　车身维修技术人员在面对车身部件及附属设备拆装时，使用较多的是通用型工具，如套筒、扳手、螺丝刀、钳子等。

1. 套筒

套筒不能单独使用，只能与其配套的专门扳手共同使用。使用套筒扳手不易损坏螺母的棱角且方便灵活、安全可靠，因此，常作为拆装时的首选工具。

1）标准套筒

标准套筒表面呈银白色、短管状，一端内部呈六角形，用来套住螺栓或螺母；另一端有一个正方形的头孔，该头孔常用来与配套扳手的方榫配合（见图 2-1）。按所拆卸螺栓的力矩和使用的工作环境不同，可将套筒分为大、中、小三个系列，并以配套手柄方榫的宽度来区分（见图 2-2）。

图 2-1　与专门扳手配合的方孔

图 2-2　大小不同的套筒

2）风动套筒

风动套筒表面呈灰黑色，形状与普通套筒类似（见图 2-3）。风动套筒需专门配套气动冲击扳手使用，如使用普通套筒，气动冲击扳手在工作时会产生瞬间强力冲击，可能会损坏套筒。

3）特殊套筒

（1）长套筒：六角长套筒的深度比普通套筒要深 2~3 倍，是汽车维修工作中最常用的改型套筒之一（见图 2-4）。

图 2-3　风动套筒

图 2-4　长套筒

（2）六角花形套筒：六角花形套筒是专门用来拆卸花形螺栓头的螺栓的。在拆卸时，六角花形套筒可与这种螺栓头实现面接触，并采用曲面结构，在缩小体积的同时可增加拆卸力矩（见图 2-5）。

（3）旋具套筒：旋具套筒与配套手柄配合，组合成各式各样的螺丝刀或六角扳手，用来拆卸螺栓头为特殊形状的螺栓或力矩过大的小螺栓（见图2-6）。

图2-5　六角花形套筒

图2-6　旋具套筒

📖 套筒的使用方法及注意事项

将套筒套在配套手柄的方榫上（见图2-7），视需要与长接杆、短接杆或万向接头配合使用，再将套筒套住螺栓或螺母，左手握住套筒处，保持套筒与所拆卸或紧固的螺栓同轴，右手握住配套手柄加力（见图2-8）。在使用套筒的过程中，左手握紧套筒处，切勿摇晃，以免套筒滑出或损坏螺栓螺母的棱角。朝向自己的方向用力，可防止滑脱造成手部受伤。

图2-7　安装套筒

图2-8　套筒的正确使用

在选用套筒时，必须使套筒与螺栓、螺母的形状及尺寸完全适合，若选择不正确，则套筒在使用时极有可能打滑，从而损坏螺栓、螺母（见图2-9）。

不要使用出现裂纹或已损坏了的套筒。这种套筒会引起打滑，从而损坏螺栓、螺母的棱角。禁止用锤子将套筒击入变形的螺栓、螺母六角进行拆装，避免损坏套筒（见图2-10）。

图2-9　套筒与螺栓尺寸不一致

图2-10　禁止用锤子敲打套筒

2.▶ 扳手

扳手是汽车维修中最常用的一种工具，主要用于扭转螺栓、螺母或带有螺纹的零件。如果扳手选用不当或使用不当，不但会造成工件和扳手损坏，还可能引发危及人身安全方面的事故。因此，正确地选用和使用扳手显得尤为重要。

1）梅花扳手

梅花扳手两端呈花环状，其内孔是由 2 个正六边形相互同心错开 30°而成（见图 2-11）。很多梅花扳手都有弯头，常见的弯头角度在 10°~45°之间，从侧面看旋转螺栓部分和手柄部分是错开的（见图 2-12）。这种结构便于拆卸装配在凹陷空间的螺栓、螺母，并可为手指提供操作间隙，以防擦伤。

图 2-11　梅花扳手正面

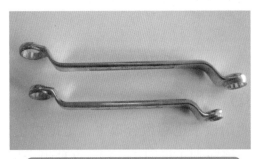
图 2-12　梅花扳手侧面

2）开口扳手

开口扳手两头均为 U 形的钳口，可套住螺栓或螺母六角的两个对向面（见图 2-13）。开口扳手主要适用于无法使用套筒扳手和梅花扳手操作的位置。因为有些螺栓或螺母必须从横侧插入，此时开口扳手可以做到，而梅花扳手则不行。开口扳手的钳口与手柄存在一定的角度，这样可以通过反转开口扳手来增加适用空间。

3）活动扳手

活动扳手也叫可调扳手，适用于尺寸不规则的螺栓和螺母，它能在一定范围内任意调节开口尺寸。一个可调扳手可用来代替多个开口扳手，其两头均为 U 形的钳口。活动扳手由固定钳口和可调钳口两部分组成，扳手的开度大小通过调节螺杆进行调整（见图 2-14）。

图 2-13　开口扳手

图 2-14　活动扳手

4）棘轮扳手

棘轮手柄是最常见的套筒手柄，按所拆卸螺栓的力矩和使用的工作环境不同，可将棘轮扳手分为大、中、小三个系列（见图 2-15）。

5）扭力扳手

扭力扳手主要用于有规定拧紧力矩值的螺栓和螺母的装配，常用的扭力扳手有指针式和预置力式两种（见图2-16）。

图2-15 棘轮扳手

图2-16 扭力扳手

6）两用扳手

两用扳手也称组合扳手，是把梅花扳手和开口扳手组合在一起，一端为开口端，另一端为梅花端（见图2-17），这种组合扳手使用起来十分方便。在紧固过程中，可先使用开口端把螺栓旋到底，再使用梅花端完成最后的紧固，而拧松时则先使用梅花端。

7）内六角扳手

拆卸内六角和花形内六角螺栓时，除旋具套筒头外，还可以使用专用内六角和花形内六角扳手，此类扳手多为L形。（见图2-18）。

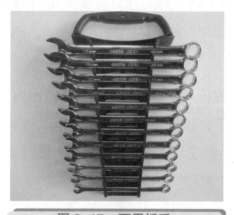

图2-17 两用扳手

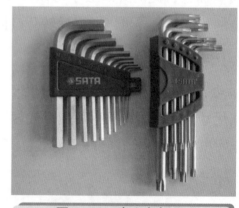

图2-18 内六角扳手

扳手的使用方法及注意事项

1）棘轮扳手的使用

通过调整锁紧机构可改变其旋转方向：将锁紧机构手柄调到左边，可以单向顺时针拧紧螺栓或螺母；将锁紧机构手柄调到右边，可以单向逆时针松开螺栓或螺母（见图2-19）。

棘轮手柄使用方便但不够结实。不要使用棘轮扳手对螺栓或螺母进行最后的拧紧，另外，严禁对棘轮手柄施加过大的力矩，否则会损坏内部的棘爪结构。有些专业棘轮扳手设计有套筒锁止及快速脱落功能，只需单手操作，可防止在使用过程中套筒或接杆脱落（见图2-20）。

图 2-19　锁紧机构手柄的调节

图 2-20　套筒锁止及快速脱落功能

2）扭力扳手的使用

使用指针式扭力扳手时，应注意左手在握住扳手与套筒连接处时，不要碰到指针杆，否则会造成读数不准的现象（见图 2-21）。

预置力式扭力扳手可通过旋转手柄预先调整设定力矩（见图 2-22），达到设定力矩时，该扳手会发出警告声响以提示用户。

图 2-21　指针式扭力扳手的正确使用

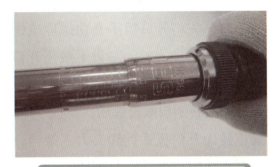

图 2-22　预先设定力矩

当听到"咔哒"声响后，立即停止旋力以保证力矩正确，当扳手设在较低扭力值时，警告声可能很小，所以应特别注意。在使用扭力扳手拧紧时要用左手握住套筒，并保持扭力扳手的方榫部及套筒垂直于紧固件所在平面；右手握紧扭力扳手手柄，向自己这边扳转（见图 2-23）。禁止向外推动工具，以免滑脱而造成身体伤害。

图 2-23　扭力扳手的正确使用

拧紧螺栓、螺母时，不能用力过猛，不可施加冲击扭力。当旋紧阻力不断增加时，旋转的速度应相应放缓，以免损坏螺纹。当扭力过大时，禁止在扭力扳手的手柄上再加装套管或用锤子捶击。切勿在达到预置扭力后继续旋力，如继续旋力，会使扭力大大超出预设值，除对扳手造成严重损害外，还会损坏螺栓和螺母。

3）梅花扳手的使用

在使用梅花扳手时，一只手按住梅花扳手与螺栓连接处，保持梅花扳手与螺栓完全配合，防止滑脱，另一只手握住梅花扳手另一端并加力（见图2-24）。

扳转时，严禁将加长的管子套在扳手上以延伸扳手的长度增加力矩，严禁捶击扳手以增加力矩，否则会造成工具的损坏。

4）开口扳手的使用

选择开口扳手时，要根据螺栓头部的尺寸来确定合适的型号，并确保钳口的直径与螺栓头部直径相符，配合无间隙（见图2-25），然后才能进行操作。

图2-24　梅花扳手的正确使用

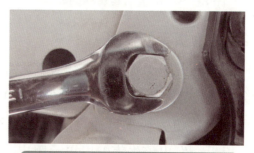

图2-25　选择合适的开口扳手

使用时，先将开口扳手套住螺栓或螺母六角的两个对向面，确保扳手与螺栓完全配合后才能施力。施力时，一只手按住开口扳手与螺栓连接处，并确保扳手与螺栓完全配合后，另一只手大拇指抵住扳头，另外四指握紧扳手柄部往身边拉扳（见图2-26）。当螺栓、螺母被扳转到极限位置后，将扳手取出并重复前面的过程。

禁止使用开口扳手拆卸大力矩螺栓，并且使用开口扳手时放置的位置不能太高或只夹住螺母头部的一小部分（见图2-27），否则会在紧固或拆卸过程中造成打滑，从而损坏螺栓、螺母或扳手，甚至导致身体受伤。

图2-26　开口扳手的正确使用

图2-27　开口扳手错误的使用方法

5）活动扳手的使用

使用活动扳手时应先将活动扳手调整合适，使活动扳手钳口与螺栓、螺母两对边完全贴紧，不应存在间隙（见图2-28）。

使用时，要使活动扳手的可调钳口部分受推力，固定钳口受拉力，只有这样施力，才能保证

图2-28　活动扳手钳口完全贴紧螺栓头

螺栓、螺母及扳手本身不被损坏（见图 2-29）。

如果不按照这种方法转动扳手（见图 2-30），会使压力作用在调节螺杆上，在施力时促使钳口变大，将损坏螺栓、螺母的棱角和扳手本身。

图 2-29　活动扳手的正确使用

图 2-30　活动扳手错误的使用方法

3. 螺丝刀

螺丝刀又称起子，主要用于旋拧小力矩、头部开有凹槽的螺栓和螺栓。

1）一字螺丝刀

一字螺丝刀用于单个槽头的螺栓，如图 2-31 所示。

图 2-31　一字螺丝刀

2）十字螺丝刀

十字螺丝刀用于带十字槽头的螺栓，如图 2-32 所示。

3）星形螺丝刀

星形螺丝刀用于内六角梅花星形的螺栓，如图 2-33 所示。

图 2-32　十字螺丝刀

图 2-33　星形螺丝刀

📖 螺丝刀的使用方法及注意事项

选用螺丝刀时，应先保证螺丝刀头部的尺寸与螺栓的槽部形状完全配合，选用不当会严重损坏螺丝刀（见图 2-34）。

使用螺丝刀时，应右手握住螺丝刀，手心抵住柄端，螺丝刀与螺栓的轴心必须保持同轴，压紧后用手腕扭转，拆卸时螺栓松动后用手心轻压螺丝刀，并用拇指、食指、中指快速旋转手柄（见图 2-35）。

图 2-34　螺丝刀使用不当造成损坏

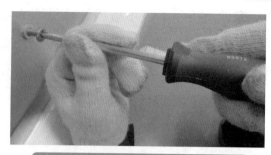

图 2-35　螺丝刀的正确使用

4. 钳子

应根据在汽车维修中所要达到的不同目的来选用不同种类的钳子，并且还要考虑工作空间的大小等因素。

1）钢丝钳

钢丝钳是最常见的一种钳子（见图 2-36），它可以用来剪断金属丝或夹持零件。

2）尖嘴钳

尖嘴钳的钳口长而细（见图 2-37），特别适合在狭窄空间里使用。

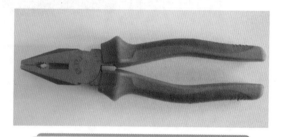

图 2-36　钢丝钳

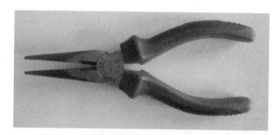

图 2-37　尖嘴钳

3）斜口钳

斜口钳也称剪钳（见图 2-38），主要用于剪切金属丝或导线。

4）鲤鱼钳

鲤鱼钳也称鱼嘴钳（见图 2-39），主要用于夹持、弯曲和扭转工件。鲤鱼钳的手柄一般较长，可通过改变支点上槽孔的位置来调节钳口张开的程度。

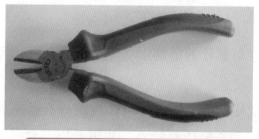

图 2-38　斜口钳

图 2-39　鲤鱼钳

📑 钳子的使用方法及注意事项

使用钢丝钳时，用手握住钳柄后端，使钳口开闭，钳口前端主要用于夹持各种零件，根部的刃口可用来剪切铁丝或导线（见图 2-40）。

严禁用钳子代替扳手来拧紧或拧松螺母、螺栓，以免损坏螺栓、螺母的棱角（见图 2-41）。

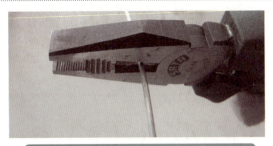

图 2-40　钢丝钳刃口可用来剪切铁丝

严禁把钳子当作锤子来使用，否则会造成钳子本身的损坏（见图 2-42）。

图 2-41　钳子错误的使用方法

图 2-42　严禁把钳子当锤子使用

5.　其他工具

1）旋柄

旋柄也是套筒的配套手柄，它可以与套筒头及旋具头配合，与螺丝刀手柄类似（见图 2-43）。

图 2-43　旋柄

2）接杆

接杆也称延长杆或加长杆，是套筒类成套工具不可缺少的一部分。日常的汽车维修工作中，有 75 mm、125 mm、150 mm 和 250 mm 等不同长度的接杆供选用，即我们常说的长接杆和短接杆。（见图 2-44）。

3）万向接头

万向接头的方形套头部分可以前后或左右移动，配套手柄和套筒之间的角度可以自由变化，其工作原理与前置后驱汽车传动轴使用的万向节基本相同（见图 2-45）。

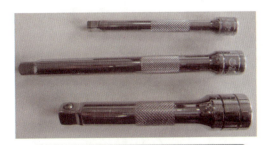

图 2-44　接杆

图 2-45　万向接头

（二）车身专用型工具的使用

车身维修技术人员在拆装特定的零部件或调整部件时需要使用到一些专用型工具。

图 2-46　塑料卡扣拆卸器

1. 塑料卡扣拆卸器

塑料卡扣拆卸器（见图 2-46）只用来拆卸塑料卡扣或塑料铆钉。使用时，将塑料卡扣拆卸器的凹槽部分对准卡扣或铆钉帽沿下部慢慢撬起，直至取下塑料卡扣或塑料铆钉，如图 2-47、图 2-48 所示。

图 2-47　塑料卡扣拆卸器拆卸塑料卡扣

图 2-48　塑料卡扣拆卸器拆卸塑料铆钉

2. 刮水臂拆卸器

刮水臂拆卸器（见图 2-49）是专门用来拆卸刮水臂的。由于刮水臂与刮水连杆结构属于花键连接方式，因此，在取下刮水臂时正确的做法是竖直向上用力拔下，不正确的拆卸方法都会导致花键磨损。使用刮水臂拆卸器时一端顶住螺柱头，另一端勾住刮水臂下部，利用作用力与反作用力的关系，可轻松取下刮水臂，如图 2-50 所示。

图 2-49　刮水臂拆卸器

（a）

（b）

图 2-50　刮水臂拆卸器的正确使用

∃.▶ 塑料撬板

　　塑料撬板（见图 2-51）主要用于汽车塑料件的拆卸，可以避免漆面损坏，不伤板件。拆卸车身塑料件时选用的塑料撬板一定要按照维修手册标注选用（见图 2-52），以免造成塑料件损坏。

图 2-51　塑料撬板

图 2-52　选用合适的塑料撬板

╄.▶ 专用厚薄规

　　专用厚薄规（见图 2-53）是用来测量各部件之间的间隙的。使用时要根据缝隙的大小选择较为合适的一端进行测量，如果放不进去就选择稍小一点尺寸的；反之，如果放进去左右可以来回晃动，则需要更换稍大一点尺寸的，直至厚薄规的一端不松不紧正好划过缝隙，则可以表明现在的缝隙是比较均匀一致的（见图 2-54）。

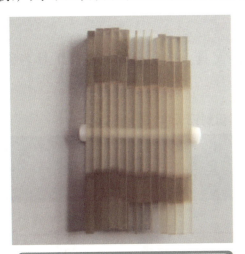

图 2-53　专用厚薄规

图 2-54　测量部件缝隙

二、任务实施

　　车身常用拆装工具的使用。

（一）项目说明

指导教师先示范操作，每一个步骤的要求及安全注意事项必须强调说明；小组学员在指导教师的带领下，识别车身常用拆装工具并掌握其正确的使用方法。

（二）技术要求与标准

（1）一名学员能在 25 min 内完成此项目。

（2）技术标准。

正确识别和选用工具并规范操作。

（三）工具、设备和材料

（1）实训车辆。

（2）工具车。

（3）拆装工具。

（4）手套、清洁抹布等辅料。

（5）维修手册。

（四）作业准备

（1）设备准备。

（2）工具准备。

（3）记录单准备。

（五）实施与总结

（1）仔细观察工位上摆放的各类车身常用拆装工具，按要求填写各类工具名称及使用方法至表 2-1。

表 2-1　车身常用拆装工具识别记录单

组别	工位		作业日期
序号	工具名称	规格	使用方法
1			
2			
3			
4			
5			
6			

续表

组别		工位		作业日期
序号	工具名称	规格	使用方法	
7				
8				
9				
10				
结论		□合格　　□基本合格　　□不合格		
分析优点与不足				

（2）指导教师在实车上进行工具使用演示。

（3）由各小组负责人随机指定工具让组员在实车上进行操作演示，教师巡回指导。

（4）分组讨论工具使用的注意事项并由组长发表观点。

（5）教师总结点评。

学习任务 **3**
汽车保险杠的拆装与调整

工作情境描述 →

　　李先生驾驶的轿车在三环东路不慎发生多车追尾事故，造成该车辆前后保险杠破损与变形。你作为车身维修技术人员，需要对此次事故车辆进行维修并更换前后保险杠等部件。

学习目标 →

　　完成本学习任务后，你应当能：

（1）了解汽车保险杠的作用；

（2）识别前、后保险杠的主要组成零部件；

（3）规范拆装与调整前、后保险杠。

一、知识准备 》》

（一）汽车保险杠的作用

　　汽车保险杠是吸收、缓和外界冲击力，防护车身前后部的安全装置。现在的轿车保险杠除了具有保持原有的保护功能外，还追求与车体造型的和谐、统一，追求本身的轻量化。为了达到该目的，目前轿车的前后保险杠均采用塑料制作，也被称为塑料保险杠。其具体作用如下：

1. 保护作用

当汽车发生纵向碰撞时，前保险杠能吸收、缓和外界冲击力和保护车身，使之损失较小，同时通过缓冲使人的伤害程度也大大降低。

2. 装置作用

在前保险杠上，可以装置灯具、雷达探测头、牌照架及牌照等物件。

3. 美化作用

从外观上看，可以很自然地与车体结合在一块，浑然成一体，具有很好的装饰性，成为装饰轿车外形的重要部件。

4. 提高空气动力特性

随着轿车高速化发展，前保险杠不仅有吸能和装饰作用，其形状、尺寸及安装位置等与车身造型的最佳配合也是降低整车空气阻力、提高空气动力的重要因素。

（二）前保险杠的结构组成

前保险杠安装在发动机舱最前方，与车身结合为一体。雪佛兰新科鲁兹轿车的前保险杠主要由前保险杠蒙皮、前雾灯嵌框、前格栅、前保险杠防撞梁等组成，如图3-1所示。

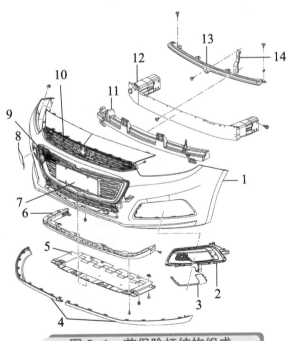

图 3-1　前保险杠结构组成

1—前保险杠蒙皮；2—前雾灯嵌框；3—前雾灯嵌框嵌件；4—前保险杠蒙皮空气导流器；
5—前保险杠蒙皮伸长件；6—前保险杠蒙皮下加强件；7—前下格栅；8—前保险杠蒙皮牵引眼孔盖；
9—前格栅徽标；10—前格栅；11—前保险杠蒙皮泡沫衬垫；12—前保险杠防撞梁；
13—前保险杠蒙皮中央支架；14—前保险杠蒙皮支架撑臂

（三）后保险杠的结构组成

雪佛兰新科鲁兹轿车的后保险杠主要由后保险杠蒙皮、后保险杠下围板、后保险杠防撞梁等组成，如图3-2所示。

二、任务实施

汽车保险杠的拆装与调整。

（一）项目说明

指导教师先示范操作，每一个步骤的要求及安全注意事项必须强调说明；小组学员在指导教师的带领下，能够准确识别汽车前后保险杠主要组成零部件并掌握前后保险杠的规范拆装与调整方法。

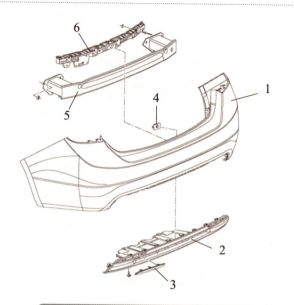

图3-2　后保险杠相关零部件
1—后保险杠蒙皮；2—后保险杠下围板；3—后蒙皮下信号灯；4—后驻车辅助警报传感器托架；5—后保险杠防撞梁；6—后保险杠蒙皮中间托架

（二）技术要求与标准

（1）两名学员配合能在45 min内完成此项目。

（2）技术标准。

发动机舱盖与前保险杠蒙皮的间隙为3.0 mm±1.5 mm；行李舱盖与后保险杠蒙皮的间隙为5.5 mm±1.5 mm；前保险杠蒙皮下加强件的紧固力矩为22 N·m；前保险杠蒙皮中间支架螺栓的紧固力矩为9 N·m；前、后保险杠防撞梁的紧固力矩为58 N·m。

（三）工具、设备和材料

（1）雪佛兰新科鲁兹轿车（或其他车型车辆）、举升机。

（2）拆装工具及专用工具。

（3）座椅套、转向盘套、变速杆手柄套、驻车制动器操纵杆套、脚垫、前翼子板防护垫。

（4）纸胶带、手套、清洁抹布等辅料。

（5）雪佛兰新科鲁兹轿车（或其他车型车辆）维修手册。

图3-3　使用工具
1—螺丝刀盒件；2—专用厚薄规；3—世达工具150件套；4—工具小车；5—预置力式扭力扳手；6—小棘轮套筒盒件

（四）作业准备

（1）工具准备，如图3-3所示。

（2）安全防护准备。

①穿好防护用品。

②车辆进入修理工位前，将工位清理干净，准备好相关的工具和材料，如图 3-4 所示。

③将车辆停驻在举升机中央位置，如图 3-5 所示。

图 3-4　作业前的工位清理

图 3-5　车辆停驻在举升机中央位置

😊温馨小贴士：培养良好的工作习惯，做好事前准备，有利于安全操作和提高工作效率。

⚠️注意：车辆移动必须由实训指导老师操作完成，任何学员都不得擅自移动车辆，防止意外事故发生！

④将变速杆置于空挡或驻车挡（P 挡）位置；拉起驻车制动器操纵杆，如图 3-6、图 3-7 所示。

图 3-6　变速杆置于空挡或驻车挡

图 3-7　拉起驻车制动器操纵杆

😊温馨小贴士：为保证车辆在工位上的可靠停驻，防止出现溜滑，造成安全事故。因此，要将变速杆置于空挡或驻车挡（P 挡）位置，同时拉紧驻车制动器。

⑤安装座椅套、转向盘套、变速杆手柄套、驻车制动器操纵杆套，铺设脚垫，如图 3-8~图 3-12 所示。

图 3-8　安装座椅套

图 3-9　安装转向盘套

图 3-10　安装变速杆手柄套

图 3-11　安装驻车制动器操纵杆套

图 3-12　铺设脚垫

😊 温馨小贴士：为防止污物弄脏驾驶室，需对驾驶室进行基本的防护。

⑥开启发动机舱盖，拨开安全锁；取下发动机舱盖支撑杆，将发动机舱盖可靠支撑，如图 3-13~图 3-16 所示。

图 3-13　开启发动机舱盖

图 3-14　拨开安全锁

图 3-15　取下发动机舱盖支撑杆

图 3-16　将发动机舱盖可靠支撑

⑦安装前翼子板防护垫，如图 3-17、图 3-18 所示。

图 3-17　安装左前翼子板防护垫

图 3-18　安装右前翼子板防护垫

⑧对前、后保险杠蒙皮及翼子板处粘贴防护胶带，如图 3-19 所示。

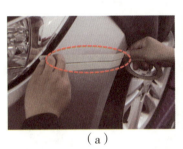
（a）

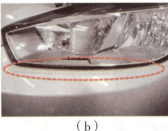
（b）

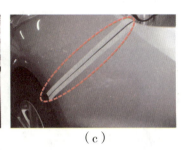
（c）

图 3-19　粘贴防护胶带

😊 温馨小贴士：为了防止操作过程中不小心划伤车身油漆，需对相关车身覆盖件进行有效的防护。

（五）实施与总结

（1）根据教学实际，按工位多少进行有效分组，建议同一类型或相关实训课题同时开展，使工位和设备利用最大化。

（2）操作步骤如下所示。

①拆装前保险杠。

a. 拆卸前保险杠。

（a）打开行李舱盖，取出行李舱垫，如图 3-20 所示。

（b）放倒后排座椅靠背垫，断开蓄电池负极电缆，如图 3-21 所示。

图 3-20　取出行李舱垫

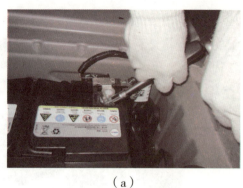
（a）

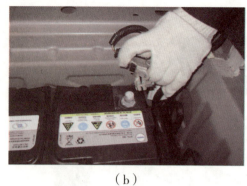
（b）

图 3-21　断开蓄电池负极电缆

（c）拆卸前保险杠蒙皮上部固定螺栓。

图 3-22 所示为前保险杠蒙皮上部固定螺栓的安装位置，用螺丝刀拆下 4 个固定螺栓（见图 3-23）。

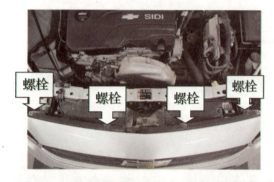

图 3-22　前保险杠蒙皮上部固定螺栓位置

图 3-23　拆下蒙皮上部固定螺栓

（d）拆卸前保险杠蒙皮两侧固定螺栓。

•将前轮转至最大角度，以便拆下两侧固定螺栓，如图 3-24 所示。

•使用螺丝刀拆下前挡泥板与前保险杠蒙皮的固定螺栓共 6 个（一侧为 3 个），如图 3-25 所示。

图 3-24　前轮转至最大角度

图 3-25　拆下前挡泥板与前保险杠蒙皮的固定螺栓

•将前挡泥板掰开，使用套筒棘轮扳手拆下前保险杠蒙皮与前翼子板的固定螺栓共2个（一侧为1个），如图3-26所示。

（e）将车辆按要求举升至合适高度。

图 3-26　拆下前保险杠蒙皮与前翼子板的固定螺栓

•将四个支撑块放置在车辆指定举升位置，如图3-27所示。

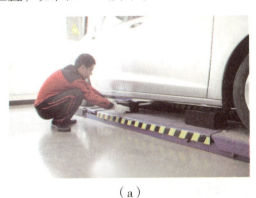
（a）

（b）

图 3-27　放置举升支撑块

•打开举升机电源开关（见图3-28），按下上升按钮（见图3-29），将车辆举升至150 mm左右的高度，检查车辆是否平稳，如图3-30所示。

图 3-28　向右旋转至电源开启状态

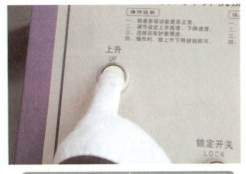

图 3-29　按下上升按钮举升车辆

图 3-30　举升车辆至 150 mm 左右停下检查

• 继续举升车辆至合适高度并锁止，如图3-31、图3-32所示。

图3-31　举升车辆至合适高度

图3-32　按下锁定开关锁止车辆

⚠ 注意：在使用举升机之前一定要先阅读说明书。参阅具体车辆的维修信息，找出推荐的车辆举升点位置。车辆的中心应靠近举升机的中心，以免车辆失衡落下。如果听到异响，则表明车辆可能没有正确支撑，应降下车辆并重新对正车辆和举升机，再确保安全钩锁止也能保证举升机和车辆不会落下。

（f）使用套筒棘轮扳手拆下前保险杠蒙皮底部4个固定螺栓，如图3-33所示。

图3-33　拆下前保险杠蒙皮底部固定螺栓

（g）降下车辆，用小规格一字螺丝刀小心撬开前保险杠蒙皮固定卡夹，如图3-34所示。

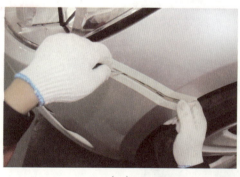

（a）

（b）

图3-34　撬开前保险杠蒙皮固定卡夹

（h）两人相互配合脱开前保险杠蒙皮，如图 3-35 所示。

图 3-35　两人配合脱开前保险杠蒙皮

（i）断开线束插接器，取下前保险杠蒙皮，如图 3-36、图 3-37 所示。

图 3-36　断开线束插接器

图 3-37　取下前保险杠蒙皮

😊 **温馨小贴士**：如果线束插接器连接较紧密时，可用一字螺丝刀顶住插接器卡夹，并将插接器与插座分离。为了不损伤油漆，前保险杠取下后应垫上防护垫或放置在搁架上。

（j）拆卸前保险杠蒙皮下加强件。

拆下前保险杠蒙皮下加强件固定螺栓共 4 个（一侧为 2 个），取下前保险杠蒙皮下加强件，如图 3-38 所示。

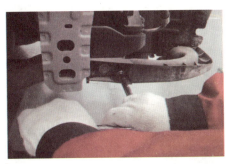

（a）

（b）

图 3-38　拆下前保险杠蒙皮下加强件

（k）拆卸前保险杠防撞梁。

•拆下线束固定卡扣及支架撑臂固定螺栓，如图 3-39 所示。

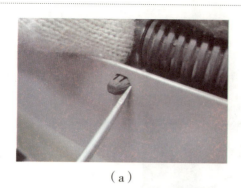
（a）

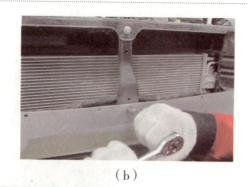
（b）

图 3-39　拆下线束卡扣及固定螺栓

•拆下前保险杠防撞梁固定螺栓，取下防撞梁，如图 3-40 所示。

（a）

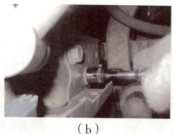
（b）

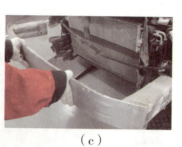
（c）

图 3-40　拆下前保险杠防撞梁

b.安装调整前保险杠。

（a）安装前保险杠防撞梁及前保险杠蒙皮下加强件。

⚠注意：安装螺母或螺栓时必须按照维修手册标注的拧紧力矩拧紧！

（b）将前保险杠线束插接器与插座连接牢靠；连接蓄电池负极电缆，检查前雾灯是否点亮。

⚠注意：断开蓄电池电缆后重新连接时，某些系统需要初始化！

（c）两人配合将前保险杠蒙皮安装在车身上，注意不要划伤前保险杠侧边油漆。

（d）安装前保险杠蒙皮上部、侧面及底部固定螺栓。

（e）取下防护胶带（见图 3-41），使用专用厚薄规调整前保险杠蒙皮与相邻部件的间隙面差（见图 3-42）。

图 3-41　取下防护胶带

图 3-42　使用专用厚薄规调整间隙面差

温馨小贴士：调整间隙面差时必须符合原厂维修手册中标注的允许的误差值！

（f）整理清洁工位，如图 3-43 所示。

图 3-43　整理清洁工位

温馨小贴士：良好的工作环境能使我们感到愉悦，也有利于安全操作和提高工作效率。

②拆装后保险杠。

a. 拆卸后保险杠。

（a）断开蓄电池负极电缆。

（b）拆卸后尾灯总成。

•打开后翼子板内装饰板，逆时针旋下后尾灯固定螺母共 4 个（一侧为 2 个），如图 3-44 所示。

图 3-44　拆卸后尾灯固定螺母

•拔出后尾灯总成（见图 3-45），断开插头（见图 3-46），取下后尾灯总成。

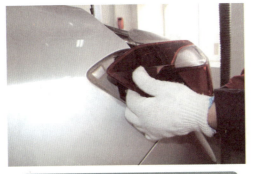

图 3-45　拔出后尾灯总成

图 3-46　断开后尾灯插头

（c）拆卸后保险杠蒙皮两侧固定螺栓。

•拆下后挡泥板与后保险杠蒙皮的固定螺栓共 6 个（一侧为 3 个），如图 3-47 所示。

•拆下后保险杠蒙皮与后翼子板的固定螺栓共 2 个（一侧为 1 个），如图 3-48 所示。

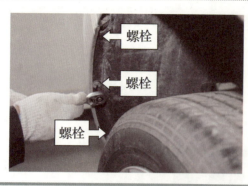 

图 3-47 拆下后挡泥板与后保险杠蒙皮的固定螺栓   图 3-48 拆下后保险杠蒙皮与后翼子板的固定螺栓

（d）将车辆按要求举升至合适高度。

（e）拆卸后保险杠蒙皮底部固定螺栓和固定螺母。

• 拆下底部固定螺栓共 2 个，如图 3-49 所示。

• 拆下底部固定螺母共 2 个，如图 3-50 所示。

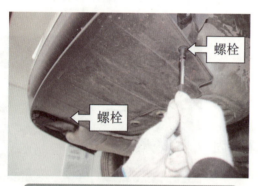 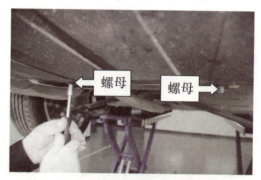

图 3-49 拆下底部固定螺栓   图 3-50 拆下底部固定螺母

（f）降下车辆，用小规格一字螺丝刀小心撬开后保险杠蒙皮固定卡夹，如图 3-51 所示。

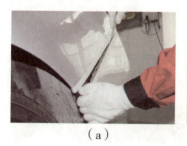 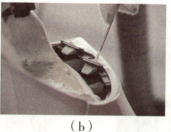 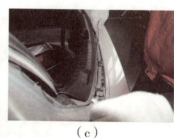

（a）   （b）   （c）

图 3-51 撬开后保险杠蒙皮固定卡夹

（g）两人相互配合脱开后保险杠蒙皮，如图 3-52 所示。

（h）断开后保险杠线束插接器，取下后保险杠蒙皮，如图 3-53、图 3-54 所示。

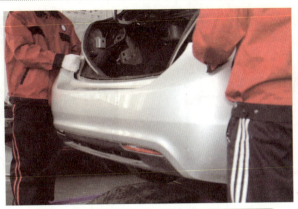

图 3-52　两人配合脱开后保险杠蒙皮

图 3-53　断开线束插接器

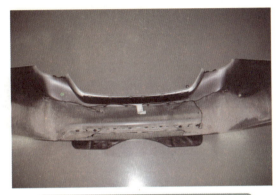

图 3-54　取下后保险杠总成

（i）拆卸后驻车辅助警报传感器。

•断开后驻车辅助警报传感器插头，如图 3-55 所示。

图 3-55　断开后驻车辅助警报传感器插头

•脱开传感器固定卡夹，取下后驻车辅助警报传感器，如图 3-56、图 3-57 所示。

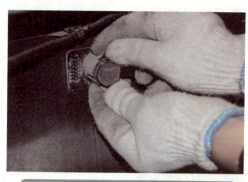

图 3-56　脱开传感器固定卡夹

图 3-57　取下后驻车辅助警报传感器

（j）拆下后保险杠防撞梁固定螺母共6个（一侧为3个），取下防撞梁，如图3-58所示。

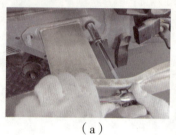
（a）

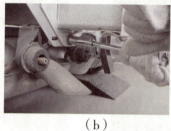
（b）

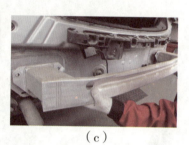
（c）

图 3-58　拆下后保险杠防撞梁

b. 安装调整后保险杠。

按照与拆卸相反的顺序进行规范安装与调整，其方法与前保险杠的方法类似，这里不再赘述。

学习任务 4

汽车车灯及灯泡的
拆装与更换

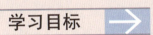

工作情境描述 →

　　职校小张同学在某品牌 4S 店实习已有 3 个多月了，这天，师傅老王想测试一下徒弟的水平，要求小张同学在一辆轿车上，以正确的拆装工艺对轿车的前照灯、前雾灯、后尾灯、侧转向灯、牌照灯、阅读灯、行李舱灯等总成进行拆装，并能够更换新的灯泡。

学习目标 →

完成本学习任务后，你应当能：

（1）了解汽车前照灯的作用及分类；

（2）识别汽车上常见的各类车灯；

（3）正确使用灯光组合开关；

（4）正确判别灯泡不亮的故障原因；

（5）正确检查与调整前照灯光束；

（6）规范拆装与更换汽车车灯总成及灯泡。

一、知识准备 ▶▶

（一）汽车前照灯的作用及分类

汽车在夜间或能见度较低的条件下行驶，很容易发生交通事故。前照灯可以为驾驶员在夜间及能见度较低的情况下提供道路照明，还可以通过声、光等信号向其他车辆的驾驶员和行人发出警告，以引起他们的注意，确保车辆行驶的安全。

汽车的前照灯一般有白炽灯、卤素灯、氙气灯等类型。随着汽车技术的不断发展，过去那种白炽真空灯已经被淘汰。现在汽车的前照明灯以卤素灯、氙气灯为主。

1. 卤素灯

卤素灯，就是在灯泡内渗入少量的惰性气体"碘"，从灯丝蒸发出来的钨原子与碘原子相遇后进行反应，生成碘化钨化合物。当碘化钨化合物一接触白热化的灯丝（温度超过1 450℃）时，又会分解还原为钨和碘，钨又重新归队回到灯丝中去，碘则重新进入气体中。如此循环，灯丝几乎不会被烧断，灯泡也不会发黑，所以它要比传统的白炽灯寿命更长、亮度更高。现在的汽车普遍采用的都是这种前照灯。

2. 氙气灯

氙气灯，英文简称是HID，它所发出的光亮度是普通卤素灯的2倍，而能耗仅为其2/3，且使用寿命可达普通卤素灯的10倍。氙气灯极大地增加了驾驶的安全性与舒适性，还有助于缓解人们夜间行驶的紧张与疲劳。驾车人可在第一时间内发现危险，从而获得足够的反应时间，在很大程度上减少了夜间事故的发生率。从市场上看，氙气灯将会成为未来市场的主流。

（二）汽车上常见的各类车灯

前照灯通常安装在前保险杠的上面、发动机舱盖的下面，如图4-1所示。

如图4-2所示，前雾灯安装于汽车前部比前照灯稍低的位置，用于雨雾天气行车时照明道路。因为雾天能见度低，驾驶员视线受到限制，雾灯灯光可增大运行距离，特别是黄色雾灯的光源穿透力强，从而提高了驾驶员与周围交通参与者的能见度，使来车和行人在较远处发现对方。

后尾灯安装在车辆后部，通常主体颜色为红色，如图4-3所示。

图4-1　前照灯

图 4-2　前雾灯

图 4-3　后尾灯

　　侧转向灯安装在汽车前翼子板两侧，有的则镶嵌在汽车外后视镜侧面，闪烁告知他人你的汽车转向，如图 4-4 所示。

（a）

（b）

图 4-4　侧转向灯

　　牌照灯主要作用是照明车牌，能使人们在黑夜中辨别车辆牌照，如图 4-5 所示。

　　阅读灯是在车内光线不足时，能提供给乘驾人员足够亮度，便于车内照明之用，同时又不会影响驾驶员的正常驾驶，如图 4-6 所示。

图 4-5　牌照灯

　　行李舱灯安装在行李舱内，方便夜间拿取物品，如图 4-7 所示。

图 4-6　阅读灯

图 4-7　行李舱灯

（三）灯光组合开关的使用

汽车灯光组合开关的使用方法大同小异，2015款雪佛兰新科鲁兹轿车灯光组合开关的使用方法是：

起动发动机或将车钥匙拧到电源挡位（见图4-8），通过顺时针旋转灯光组合开关来逐步实现位置灯、近光灯的开启（见图4-9、图4-10）；将灯光组合开关的手柄前后拨动，即可转换远光或近光，如图4-11所示。

图4-8 开启车辆电源

图4-9 开启位置灯

图4-10 开启近光灯

图4-11 开启远光灯

😊温馨小贴士：只有在位置灯或近光灯开启的状态下，才能通过向前拨动灯光组合开关手柄来实现远光灯的开启。

在位置灯、近光灯或远光灯开启时，通过按下前后雾灯按钮来逐步实现前雾灯、后雾灯的开启，如图4-12和图4-13所示。

图4-12 开启前雾灯

图4-13 开启后雾灯

😊 **温馨小贴士**：只有在位置灯、近光灯或远光灯开启的状态下，才能开启前雾灯和后雾灯。在关闭位置灯时，前、后雾灯会跟随位置灯的关闭而自动关闭。

按下灯光组合开关手柄，则左转向灯闪亮，向上抬起灯光组合开关手柄，则右转向灯闪亮，如图 4-14 和图 4-15 所示。

图 4-14　开启左转向灯

图 4-15　开启右转向灯

😊 **温馨小贴士**：汽车转向时灯光组合开关手柄按指示方向越过限位点，转向开关手柄会随转向盘回正而自动回位。若车辆在危险报警灯已开始工作的状态下行驶，则对转向灯的操作是无效的。

（四）正确检查与调整前照灯光束

1. ▶ 使用前照灯调整仪检查灯光光束

将轮胎气压正常的空车停放在平坦的场地上，在驾驶室内乘坐一名驾驶员或将 75 kg 的重物放在驾驶员位置上，使车辆前部平行对准前照灯检测仪，按功能键选择需要测试的灯光进行检测，如图 4-16 所示。

（a）

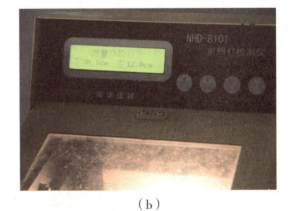

（b）

图 4-16　使用前照灯检测仪检测灯光光束

😊 **温馨小贴士：** 对于带有高度可调悬架的车辆，应在调整前照灯灯光前将车辆高度调节到最低；对于带有手动可调前照灯的车辆，应将其高度调节到"0"位置，如图4-17所示。

图4-17 将前照灯高度调节到"0"位置

2. 借助幕墙检查灯光光束

将轮胎气压正常的空车停放在平坦的场地上，在驾驶室内乘坐一名驾驶员或将75 kg的重物放在驾驶员位置上，使车辆前部对幕墙保持一定的距离（正面相对10 m），如图4-18所示。

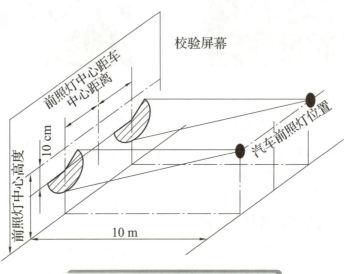

图4-18 前照灯光束位置示意图

3. 调整灯光光束

打开灯光开关，调整其光束。首先，垂直调整对光（见图4-19），使用合适的工具转动对光螺栓A，顺时针转动对光螺栓A可使前照灯对光上移，逆时针转动对光螺栓A则可使前照灯对光下移，最终使主光束（光度最高点）处于规定高度。其次，水平调整对光（见图4-20），顺时针转动对光螺栓B可使前照灯对光左移，逆时针转动对光螺栓B则可使前照灯对光右移。

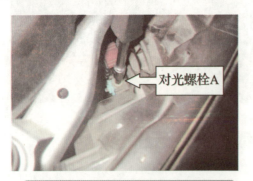

图4-19 垂直调整灯光

图4-20 水平调整灯光

二、任务实施

汽车车灯及灯泡的拆装与更换。

（一）项目说明

指导教师先示范操作，每一个步骤的要求及安全注意事项必须强调说明；小组学员在指导教师的带领下，能够准确识别汽车常见车灯并掌握前照灯、前雾灯、后尾灯、侧转向灯、牌照灯、阅读灯、行李舱灯及灯泡的规范拆装方法。

（二）技术要求与标准

（1）两名学员配合能在 60 min 内完成此项目。

（2）技术标准。

发动机舱盖与前保险杠蒙皮的间隙为 3.0 mm ± 1.5 mm；发动机舱盖到前照灯的间隙为 3.0 mm ± 1.5 mm；前照灯、前雾灯、后尾灯的紧固力矩均为 2.5 N·m。

（三）工具、设备和材料

（1）雪佛兰新科鲁兹轿车（或其他车型车辆）。

（2）拆装工具及专用工具。

（3）座椅套、转向盘套、变速杆手柄套、驻车制动器操纵杆套、脚垫、前翼子板防护垫。

（4）手套、清洁抹布等辅料。

（5）雪佛兰新科鲁兹轿车（或其他车型车辆）维修手册。

（四）作业准备

（1）工具准备，如图 4-21 所示。

（2）安全防护准备。

①穿好防护用品。

②车辆进入修理工位前，将工位清理干净，准备好相关的工具和材料（见图 3-4）。

③将车辆停驻在举升机中央位置（见图 3-5）。

图 4-21　使用工具

④将变速杆置于空挡或驻车挡（P 挡）位置；拉起驻车制动器操纵杆（见图 3-6、图 3-7）。

⑤安装座椅套、转向盘套、变速杆手柄套、驻车制动器操纵杆套，铺设脚垫（见图 3-8~图 3-12）。

⑥开启发动机舱盖，拨开安全锁；取下发动机舱盖支撑杆，将发动机舱盖可靠支撑（见图 3-13~图 3-16）。

⑦安装左、右前翼子板防护垫（见图3-17、图3-18）。

⑧对前保险杠蒙皮及翼子板处粘贴防护胶带（见图3-19）。

（五）实施与总结

（1）根据教学实际，按工位多少进行有效分组，建议同一类型或相关实训课题同时开展，使工位和设备利用最大化。

（2）操作步骤如下所示。

①拆装前照灯及更换灯泡。

a.拆装前照灯总成。

（a）断开蓄电池负极电缆。

（b）安全、规范地拆卸前保险杠蒙皮（详见前面章节，这里不再赘述）。

（c）使用套筒棘轮扳手将固定前照灯的5个螺栓拆下，如图4-22所示。

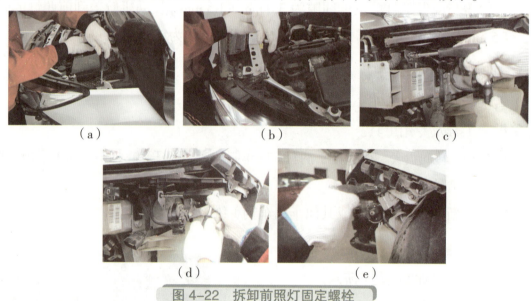

（a）　　　　　　　（b）　　　　　　　（c）

（d）　　　　　　　　（e）

图4-22　拆卸前照灯固定螺栓

（d）用小规格一字螺丝刀撬开前照灯上支架固定卡夹（见图4-23），断开前照灯线束插接器（见图4-24），取下前照灯。

图4-23　撬开前照灯上支架固定卡夹

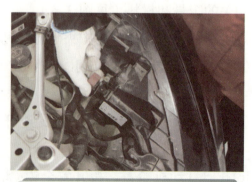

图4-24　断开前照灯线束插接器

（e）按照与拆卸相反的顺序初步固定前照灯总成及前保险杠蒙皮。

（f）连接蓄电池负极电缆，检查灯光是否点亮，如图 4-25 所示。

图 4-25　检查灯光是否点亮

⚠️ **注意**：断开蓄电池电缆后重新连接时，某些系统需要初始化！

图 4-26　取下近光灯防尘罩

（g）按照维修手册的要求调整灯光光束至正常标准，调整前保险杠蒙皮与相邻各部件的间隙面差并按规定力矩进行最终紧固。

（h）整理、清洁工位。

b.更换近光灯、远光灯、位置灯和转向灯灯泡。

（a）一只手扶住前照灯总成，另一只手逆时针转动防尘罩并取下，如图 4-26~ 图 4-28 所示。

图 4-27　取下远光灯／位置灯防尘罩

图 4-28　取下转向灯防尘罩

（b）用手握住近光灯灯座，逆时针转动使之分离，取下近光灯灯座并小心拔出灯泡，如图 4-29 所示。

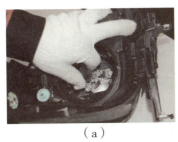

（a）

（b）

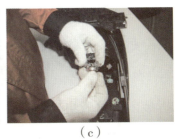

（c）

图 4-29　取下近光灯灯泡

（c）拔下远光灯插头，按压钢丝卡夹的头部并松开卡夹，取下远光灯灯泡，如图4-30所示。

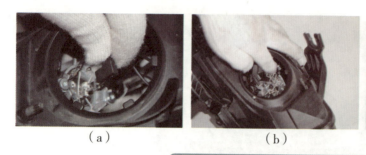

（a）　　　　　　　　（b）　　　　　　　　（c）

图4-30　取下远光灯灯泡

（d）拔出位置灯灯泡并取下，如图4-31所示。

（a）　　　　　　　　　　　（b）

图4-31　取下位置灯灯泡

（e）拔出转向灯灯泡并取下，如图4-32所示。

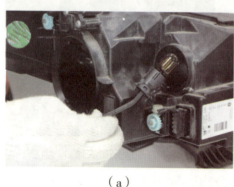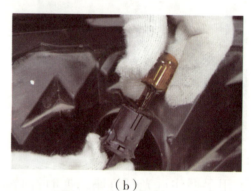

（a）　　　　　　　　　　　（b）

图4-32　取下转向灯灯泡

（f）安装灯泡时注意对准卡槽，按拆卸相反的顺序装配即可。

⚠️注意：更换卤素灯泡时，应关灯后等待几分钟，待灯泡冷却后再进行更换，千万不要用手直接触摸灯泡，小心被烫伤！可使用没有绒毛的布包裹灯泡并取下。

②拆装前雾灯及更换灯泡。

a.断开蓄电池负极电缆。

b.安全、规范地拆卸前保险杠蒙皮。

　　c. 断开前雾灯插头，拆下前雾灯 3 个固定螺栓（一侧），取下前雾灯总成，如图 4-33 所示。

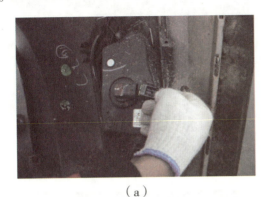
（a）

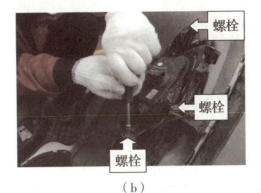
（b）

图 4-33　取下前雾灯总成

　　d. 逆时针转动前雾灯灯泡底座，取下灯泡，如图 4-34、图 4-35 所示。

图 4-34　逆时针转动前雾灯灯泡底座

图 4-35　取下前雾灯灯泡

　　e. 安装灯泡时注意对准卡槽，按拆卸相反的顺序装配即可。

　　③拆装后尾灯及更换灯泡。

　　a. 断开蓄电池负极电缆。

　　b. 打开后翼子板内装饰板，逆时针旋下后尾灯固定螺母共 2 个（一侧），如图 4-36 所示。

图 4-36　拆卸后尾灯固定螺母

　　c. 拔出后尾灯总成，断开插头，取下后尾灯总成，如图 4-37 所示。

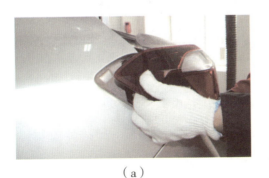
（a）

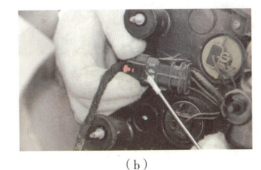
（b）

图 4-37　取下后尾灯总成

d. 逆时针旋转灯座，取下灯泡，如图 4-38 所示。

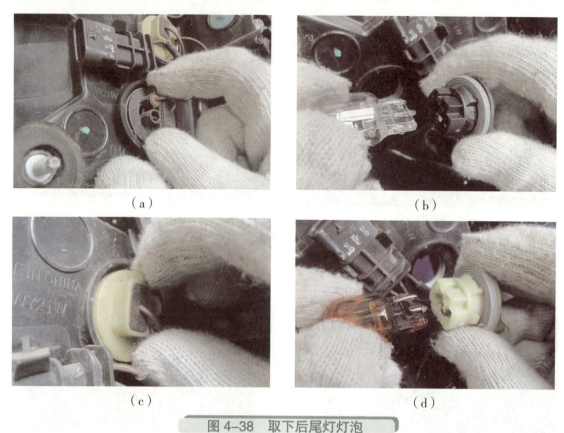

（a）

（b）

（c）

（d）

图 4-38　取下后尾灯灯泡

e. 安装灯泡时注意对准卡槽，按拆卸相反的顺序装配即可。

④拆装侧转向灯及更换灯泡。

a. 断开蓄电池负极电缆。

b. 对翼子板侧转向灯处粘贴防护胶带，使用小规格一字螺丝刀小心撬开侧转向灯，如图 4-39 所示。

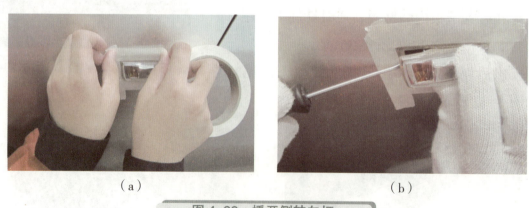

（a）

（b）

图 4-39　撬开侧转向灯

c. 逆时针旋转灯座，取下灯泡，如图 4-40 所示。

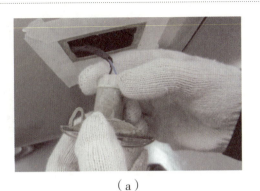
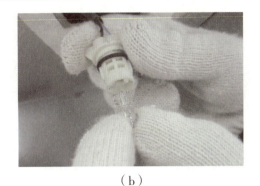

（a）　　　　　　　　　　（b）

图 4-40　取下侧转向灯灯泡

d. 安装灯泡时注意对准卡槽，按拆卸相反的顺序装配即可。

⑤拆装牌照灯及更换灯泡。

a. 断开蓄电池负极电缆。

b. 使用十字螺丝刀拆下牌照灯固定螺栓，如图 4-41 所示。

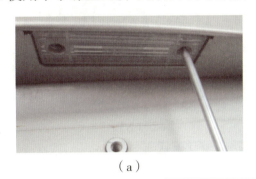
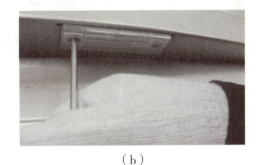

（a）　　　　　　　　　　（b）

图 4-41　拆下牌照灯固定螺栓

c. 逆时针旋转灯座，取下牌照灯灯泡，如图 4-42 所示。

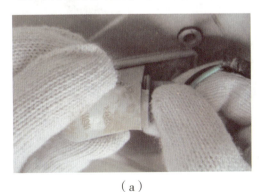
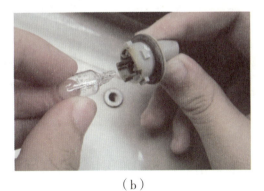

（a）　　　　　　　　　　（b）

图 4-42　取下牌照灯灯泡

d. 安装灯泡时注意对准卡槽，按拆卸相反的顺序装配即可。

⑥拆装车内阅读灯及更换灯泡。

a. 断开蓄电池负极电缆。

b. 使用塑料卡扣拆卸器小心撬开车内阅读灯控制面板，如图 4-43 所示。

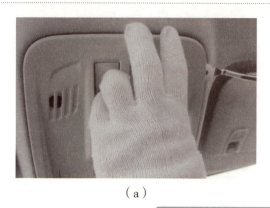
（a）

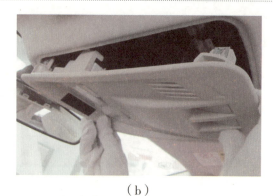
（b）

图 4-43　撬开车内阅读灯控制面板

c. 拆下车内阅读灯总成并拔下插头，如图 4-44 所示。

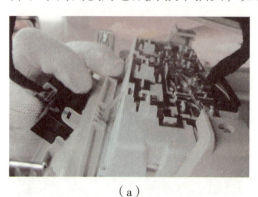
（a）

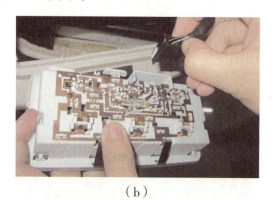
（b）

图 4-44　拆下车内阅读灯总成并拔下插头

d. 使用小规格一字螺丝刀小心拆下车内阅读灯灯罩，取下灯泡，如图 4-45 所示。

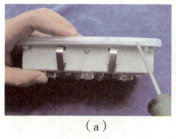
（a）

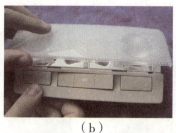
（b）

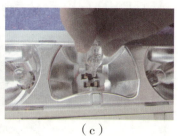
（c）

图 4-45　取下车内阅读灯灯泡

e. 安装灯泡时注意对准卡槽，按拆卸相反的顺序装配即可。

⑦拆装行李舱灯及更换灯泡。

a. 断开蓄电池负极电缆。

b. 打开行李舱盖，使用小规格一字螺丝刀小心撬开行李舱灯，拔下插头，如图 4-46 所示。

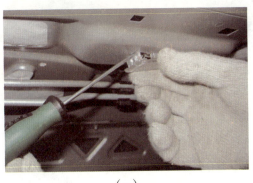

（a）

（b）

图 4-46　拆下行李舱灯总成

c. 使用小规格一字螺丝刀小心顶开行李舱灯灯泡并取下，如图 4-47 所示。

（a）

（b）

图 4-47　取下行李舱灯灯泡

d. 安装灯泡时注意对准卡槽，按拆卸相反的顺序装配即可。

学习任务5
前翼子板的拆装与调整

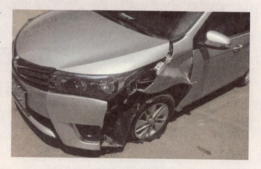
一、知识准备 》》

（一）汽车翼子板概述

汽车翼子板是遮盖车轮的车身外板，因旧式车身上该部件形状及位置似鸟翼而得名。翼子板的作用是在汽车行驶过程中，防止被车轮卷起的砂石、泥浆溅到车厢的底部。因此，要求所使用的材料具有耐气候老化和良好的成型加工性。目前大部分车辆的前翼子板使用高强度镀锌钢板，厚度为 0.6~0.8 mm，但有些车辆的前翼子板会使用有一定弹性的塑性材料制成，因为塑料具有缓冲性，安全性较高。

（二）汽车翼子板的分类及特点

　　汽车翼子板按照安装位置分为前翼子板（见图 5-1）和后翼子板（见图 5-2），前翼子板安装在前轮处，必须保证前轮转动及跳动时的最大极限空间，因此设计者会根据选定的轮胎型号尺寸用"车轮跳动图"来验证翼子板的设计尺寸是否合适。后翼子板没有车轮转动碰擦的问题，但是出于空气动力学的考虑，后翼子板略显拱形弧线并且向外凸出。有些轿车的翼子板已与车身本体成为一个整体，生产时一气呵成。但也有轿车的翼子板是独立的，尤其是前翼子板，因为前翼子板的碰撞机会比较多，独立装配易于整件更换。通常情况下，车辆的前翼子板主要由螺栓固定在车身上。后翼子板通常为一整体冲压成型结构，也称为后侧围板，而有的车辆为了节约维修成本及更换方便而设计成单独构件，由电阻点焊焊接及胶接固定在车身上。

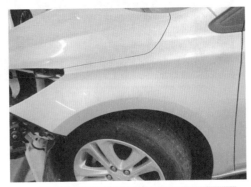

图 5-1　前翼子板

图 5-2　后翼子板

二、任务实施

　　前翼子板的拆装与调整。

（一）项目说明

　　指导教师先示范操作，每一个步骤的要求及安全注意事项必须强调说明；小组学员在指导教师的带领下，能够描述汽车前、后翼子板的安装方式及特点并掌握前翼子板的规范拆装与调整方法。

（二）技术要求与标准

　　（1）两名学员配合能在 60 min 内完成此项目。

　　（2）技术标准。

　　发动机舱盖与前保险杠蒙皮的间隙为 3.0 mm ± 1.5 mm；发动机舱盖与前翼子板的间隙为 3.0 mm ± 0.75 mm；前车门与前翼子板的间隙为 3.5 mm ± 0.5 mm；前翼子板的紧固力矩为 9 N·m。

（三）工具、设备和材料

（1）雪佛兰新科鲁兹轿车（或其他车型车辆）、举升机。

（2）拆装工具及专用工具。

（3）座椅套、转向盘套、变速杆手柄套、驻车制动器操纵杆套、脚垫、前翼子板防护垫。

（4）纸胶带、手套、清洁抹布等辅料。

（5）雪佛兰新科鲁兹轿车（或其他车型车辆）维修手册。

（四）作业准备

（1）工具准备，如图5-3所示。

（2）安全防护准备。

①穿好防护用品。

②车辆进入修理工位前，将工位清理干净，准备好相关的工具和材料（见图3-3和图3-4）。

图5-3　使用工具

③将车辆停驻在举升机中央位置（见图3-5）。

④将变速杆置于空挡或驻车挡（P挡）位置；拉起驻车制动器操纵杆（见图3-6、图3-7）。

⑤安装座椅套、转向盘套、变速杆手柄套、驻车制动器操纵杆套，铺设脚垫（见图3-8~图3-12）。

⑥开启发动机舱盖，拨开安全锁；取下发动机舱盖支撑杆，将发动机舱盖可靠支撑（见图3-13~图3-16）。

⑦安装左、右前翼子板防护垫（见图3-17、图3-18）。

⑧对前保险杠蒙皮及翼子板处粘贴防护胶带（见图3-19）。

（五）实施与总结

（1）根据教学实际，按工位多少进行有效分组，建议同一类型或相关实训课题同时开展，使工位和设备利用最大化。

（2）操作步骤如下所示。

①拆装前翼子板。

a.拆卸前翼子板。

（a）断开蓄电池负极电缆。

（b）安全、规范地拆卸前保险杠蒙皮及前照灯总成（详见前面章节，这里不再赘述）。

（c）打开前车门，使用塑料卡扣拆卸器小心撬下前翼子板上部装饰板，如图5-4所示。

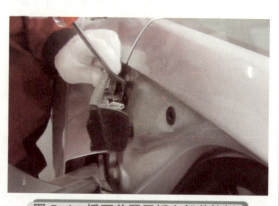

图5-4　撬下前翼子板上部装饰板

（d）使用棘轮套筒扳手拆下上部连接处的 4 个固定螺栓，如图 5-5 所示。

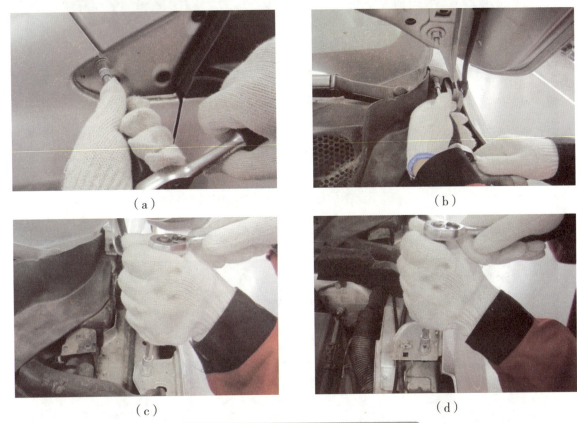

图 5-5 拆下前翼子板上部固定螺栓

（e）拆下前保险杠支架与前翼子板连接处 2 个固定螺栓，如图 5-6 所示。

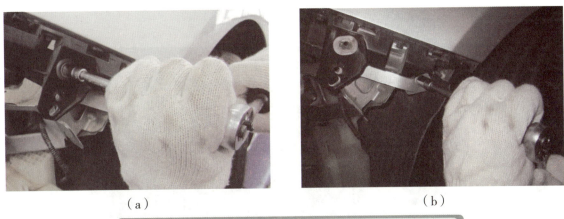

图 5-6 拆下前保险杠支架与前翼子板连接处固定螺栓

（f）拆卸前翼子板侧面及下部固定螺栓。

• 拆下前挡泥板与前翼子板连接处 2 个固定螺栓，如图 5-7 所示。

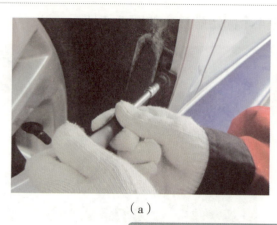
（a）

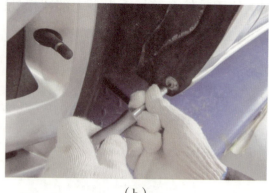
（b）

图 5-7　拆下前挡泥板与前翼子板连接处固定螺栓

• 掰开前挡泥板，取出前翼子板绝缘衬垫，如图 5-8 所示。

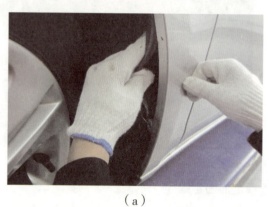
（a）

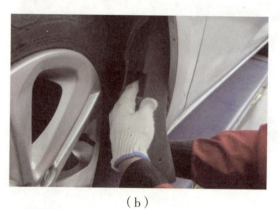
（b）

图 5-8　取出前翼子板绝缘衬垫

• 拆下前翼子板侧面 2 个固定螺栓，如图 5-9 所示。

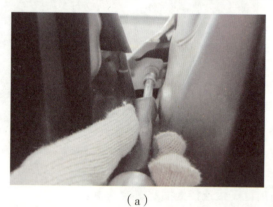
（a）

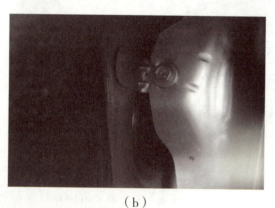
（b）

图 5-9　拆下前翼子板侧面固定螺栓

• 拆下前翼子板下部 2 个固定螺栓，取下前翼子板，如图 5-10 所示。

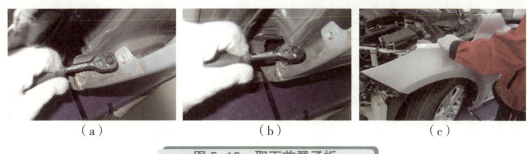

（a）　　　　　　　　　　（b）　　　　　　　　　　（c）

图 5-10　取下前翼子板

b. 安装调整前翼子板。

（a）将前翼子板按原样放置在车身上并固定。

⚠ 注意：安装螺母时必须按照维修手册标注的拧紧力矩拧紧！

（b）调整前翼子板与前车门及发动机舱盖之间的间隙面差，如图 5-11、图 5-12 所示。

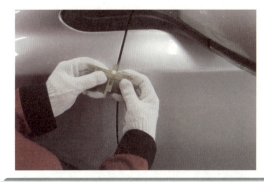

图 5-11　调整前翼子板与前车门的间隙面差

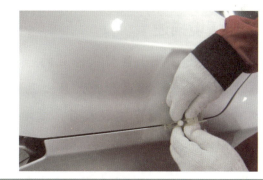

图 5-12　调整前翼子板与发动机舱盖的间隙面差

😊 温馨小贴士：调整间隙面差时必须符合维修手册中标注的允许的误差值！

（c）初步固定前照灯及前保险杠蒙皮。

（d）连接蓄电池负极电缆，检查灯光是否点亮。

（e）按照维修手册的要求调整灯光光束至正常标准，调整前保险杠蒙皮与相邻各部件之间的间隙面差并按规定力矩进行最终紧固。

（f）整理、清洁工位。

学习任务 6
发动机舱盖的拆装与调整

▌工作情境描述 →

　　大风天气，某小区楼下停放的一辆轿车不慎被高楼吹落的物品砸中。经认定，该车发动机舱盖受损面积较大且出现了破损，已无维修价值，需更换新的发动机舱盖。你作为车身维修技术人员，需要对此次事故进行维修并更换新的发动机舱盖总成。

▌学习目标 →

完成本学习任务后，你应当能：
（1）了解发动机舱盖的作用；
（2）识别发动机舱盖的主要零部件；
（3）规范拆装与调整发动机舱盖总成。

一、知识准备 》》

（一）发动机舱盖的作用

　　发动机舱盖又叫引擎盖，位于前风窗玻璃的前方及左右前翼子板之间，是车身上很显眼的车身构件，也是买车用户经常会查看的部件之一，其具体作用如下。

1. 空气导流

　　汽车行驶中所产生的风阻和扰流是影响汽车速度与平稳的重要因素之一，发动机舱盖的外形可有效调整空气相对汽车运动时的流向和对车辆产生的阻碍作用，减小气流对车辆的影响，从而提高车辆的燃油经济性和行驶的稳定性。

2. 保护

发动机舱盖下的部件都是汽车重要的组成部分，包括发动机、电路、油路、制动系统及传动系统等，对车辆至关重要。提高发动机舱盖的强度可充分防止冲击、腐蚀、雨水及电干扰等不利因素的影响，充分保护车辆的正常工作。同时，发动机舱盖可有效阻挡因零件意外爆炸、燃烧或泄漏等引起的伤害，从而起到防护作用。另外，发动机舱盖还可有效防止不法分子蓄意破坏或偷盗一些重要零件。

3. 美观

发动机舱盖是车身整体外观的一个重要组成部分，可以整体体现汽车的美感，外观漂亮的发动机舱盖能使人赏心悦目。

4. 降低光线影响

汽车在行驶中，前方视线和自然光的反射对驾驶员正确判断路面和前方状况至关重要，发动机舱盖的外形可有效调整反射光线的方向和形式，从而降低光线对驾驶员的影响。

（二）发动机舱盖的结构组成

汽车发动机舱盖主要由外板、内板和加强梁组成。外板为整车造型的大型覆盖件。内板由薄钢板经整体拉延后成形，筋条网格布置，既增加美感，又增加刚度。加强梁一般布置在锁闩及铰链处，以增加此部位的强度和刚度。内板边缘通过点焊和翻边工艺与外板连接，接合面通过黏合剂与外板黏结在一起。

雪佛兰新科鲁兹轿车的发动机舱盖还包括发动机舱盖隔声（隔热）垫、铰链、发动机舱盖锁等相关零部件，如图6-1所示。

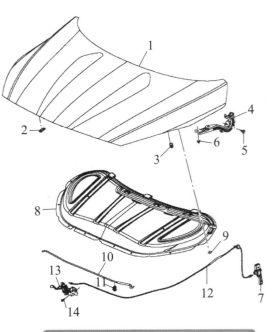

图6-1　发动机舱盖相关零部件

1—发动机舱盖；2—发动机舱盖开启撑杆托架（黄色）；3—发动机舱盖可调式橡胶旋钮；4—发动机舱盖铰链；5—发动机舱盖铰链螺栓（车身侧）；6—发动机舱盖铰链螺母（发动机舱盖侧）；7—发动机舱盖开启手柄；8—发动机舱盖隔声（隔热）垫；9—卡扣；10—发动机舱盖开启撑杆；11—发动机舱盖开启撑杆固定件；12—发动机舱盖开启拉线；13—发动机舱盖锁（带安全锁扣）；14—发动机舱盖锁固定螺栓

😊**温馨小贴士**：发动机舱盖开启时一般是向后翻转，也有少数是向前翻转的。向后翻转的发动机舱盖打开至预定角度，与前风窗玻璃的最小间距约为 10 mm。

（三）发动机舱盖的调整

1）发动机舱盖到铰链的调整

如图 6-2 所示，调整发动机舱盖时，把发动机舱盖固定到铰链的螺栓稍微松开一点，使之一方面能固定住发动机舱盖，另一方面又能移动发动机舱盖进行调节。

关上发动机舱盖，正确地进行调试。用手移动发动机舱盖，直到其所有侧面周围的间隙相等。小心地将发动机舱盖抬起足够高，以便拧紧螺母。发动机舱盖的前部必须与前翼子板的前部以及发动机舱盖前方的所有板件对齐。如果不能将前翼子板和发动机舱盖之间的间隙调整正确，那么可能是前翼子板位置不正确。

2）发动机舱盖的高度调整

将铰链固定在车身上的螺栓稍稍松开一点，然后慢慢关上发动机舱盖，根据需要升高或降低发动机舱盖的后缘。当后部与相邻的前翼子板和前围板平齐时，慢慢打开发动机舱盖，拧紧螺栓。

一旦发动机舱盖的后部调整到正确高度，必须检查可调橡胶缓冲块。后部的缓冲块必须调整到轻轻地抵住发动机舱盖，这样可以消除发动机舱盖的移动和振动。前部缓冲块控制着发动机舱盖前部的高度，如图 6-3 所示，通常顺时针或逆时针转动橡胶缓冲块调整高度，直到发动机舱盖的前部与前翼子板的顶部平齐。

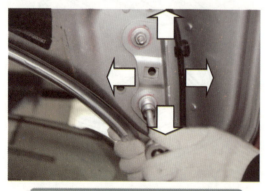

图 6-2　发动机舱盖到铰链的调整

图 6-3　发动机舱盖的高度调整

⚠️**注意**：安装上发动机舱盖后第一次关闭时要格外小心，绝不能猛地向下关上发动机舱盖。慢慢地降下发动机舱盖，确保它不会撞到前翼子板。如果发动机舱盖没有正确对准，那么很容易损坏其他部件或漆面。

3）发动机舱盖锁的调整

调整好发动机舱盖的高度和位置之后，需检查发动机舱盖是否能正常锁上。发动机舱盖锁的调整决定了锁闩和锁体机械装置接合得好不好。在发动机舱盖对正且调整到正确高度的情况下，调整发动机舱盖锁能正确关闭。

　　一边慢慢放下发动机舱盖，一边查看锁闩是否自动在锁体中对正。当其接合后，发动机舱盖不应左右偏移。如果发动机舱盖在关闭后向一旁偏移，则可根据需要左右移动发动机舱盖锁。

　　发动机舱盖关闭后还应轻轻按压在前部橡胶缓冲块，这可以防止发动机舱盖上下振动。记住，如果必须猛地用力放下发动机舱盖才能接合锁闩，那么需要升高锁体。如果发动机舱盖在锁上后还上下移动，则要降低锁体，如图 6-4 所示。

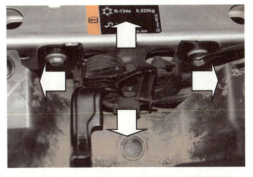

图 6-4　发动机舱盖锁的调整

⚠️ 注意：调整完发动机舱盖后必须按标准力矩拧紧所有的螺栓，以防汽车在高速行驶时发动机舱盖向后翻起引发事故。

二、任务实施

发动机舱盖的拆装与调整。

（一）项目说明

　　指导教师先示范操作，每一个步骤的要求及安全注意事项必须强调说明；小组学员在指导教师的带领下，能够准确识别发动机舱盖主要组成零部件并掌握发动机舱盖规范的拆装与调整方法。

（二）技术要求与标准

　　（1）两名学员配合能在 25 min 内完成此项目。

　　（2）技术标准。

　　发动机舱盖与前保险杠蒙皮的间隙为 3.0 mm ± 1.5 mm；发动机舱盖到前照灯的间隙为 3.0 mm ± 1.5 mm；发动机舱盖到前翼子板的间隙为 3.0 mm ± 0.75 mm；发动机舱盖到铰链的固定螺母紧固力矩为 22 N·m。

（三）工具、设备和材料

　　（1）雪佛兰新科鲁兹轿车（或其他车型车辆）。

　　（2）拆装工具及专用工具。

　　（3）座椅套、转向盘套、变速杆手柄套、驻车制动器操纵杆套、脚垫、前翼子板防护垫、前保险杠防护垫。

　　（4）手套、清洁抹布等辅料。

　　（5）雪佛兰新科鲁兹轿车（或其他车型车辆）维修手册。

（四）作业准备

（1）工具准备，如图6-5所示。

（2）安全防护准备。

①穿戴好防护用品。

②车辆进入修理工位前，将工位清理干净，准备好相关的工具和材料（见图3-4）。

③将车辆停驻在举升机中央位置（见图3-5）。

④将变速杆置于空挡或驻车挡（P挡）位置；拉起驻车制动器操纵杆（见图3-6、图3-7）。

⑤安装座椅套、转向盘套、变速杆手柄套、驻车制动器操纵杆套，铺设脚垫（见图3-8~图3-12）。

⑥开启发动机舱盖，拨开安全锁；取下发动机舱盖支撑杆，将发动机舱盖可靠支撑（见图3-13~图3-16）。

⑦安装左、右前翼子板防护垫（见图3-17、图3-18）。

⑧安装前格栅防护垫，如图6-6所示。

图6-5　使用工具

图6-6　安装前格栅防护垫

（五）实施与总结

（1）根据教学实际，按工位多少进行有效分组，建议同一类型或相关实训课题同时开展，使工位和设备利用最大化。

（2）操作步骤如下所示。

①拆装发动机舱盖。

a.拆卸发动机舱盖。

（a）使用塑料卡扣拆卸器拆下发动机舱盖隔声垫塑料卡扣共10个，取下隔声垫，如图6-7、图6-8所示。

图6-7　拆卸发动机舱盖隔声垫塑料卡扣

图6-8　取下发动机舱盖隔声垫

（b）使用小规格一字螺丝刀撬开橡胶输液软管固定卡夹，拔出输液软管，如图6-9和图6-10所示。

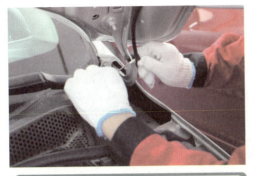

图6-9　撬开橡胶输液软管固定卡夹

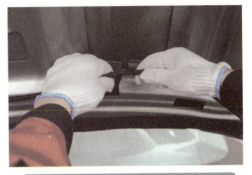

图6-10　拔出输液软管

（c）用记号笔在发动机舱盖铰链固定螺母处画出定位标记，如图6-11所示。

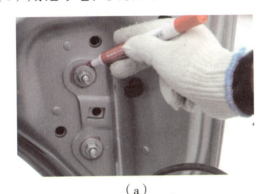

（a）　　　　　　　　　　　　　　　　（b）

图6-11　用记号笔标记出发动机舱盖铰链固定螺母位置

（d）使用套筒棘轮扳手拆下发动机舱盖铰链固定螺母共4个，两人相互配合取下发动机舱盖总成，如图6-12所示。

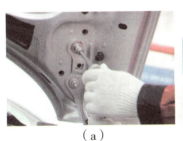

（a）　　　　　　　　　　（b）　　　　　　　　　　（c）

图6-12　两人配合取下发动机舱盖总成

😊温馨小贴士：为了避免损坏其他零部件，找个助手帮忙固定住发动机舱盖很重要。将肩膀放在发动机舱盖下面，同时用一只手撑住发动机舱盖底部边缘，这样可以防止发动机舱盖滑下来从而撞到前风窗玻璃、前围板或前翼子板上。用肩部支撑住发动机舱盖，用另一只自由的手拆卸发动机舱盖铰链螺母。

（e）使用小规格一字螺丝刀小心撬开洗涤喷嘴共2个，取下洗涤喷嘴及橡胶输液软管，如图6-13所示。

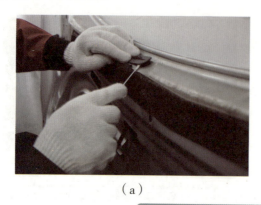
（a）

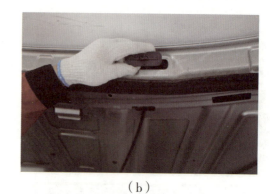
（b）

图6-13 拆下洗涤喷嘴及橡胶输液软管

b.安装发动机舱盖。

（a）依次安装好洗涤喷嘴和橡胶输液软管。

（b）两人相互协作，将发动机舱盖总成按照之前的定位标记固定在发动机舱盖铰链上并拧紧螺母。

⚠️注意：安装螺母时必须按照维修手册标注的拧紧力矩拧紧！

（c）将发动机舱盖隔声垫按原样放置好，用卡扣将其固定。

（d）按照维修手册的要求调整发动机舱盖与相邻各部件的间隙面差，使之符合原厂技术标准，如图6-14所示。

（a）

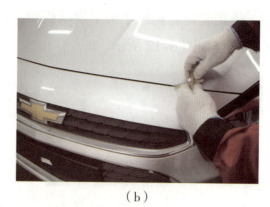
（b）

图6-14 调整好发动机舱盖与相邻各部件的间隙面差

（e）整理、清洁工位。

学习任务 7
行李舱盖的拆装与调整

工作情境描述 →

　　一辆轿车不慎被大货车追尾，经认定，该行李舱盖受损面积较大、程度较深，已无维修价值，需更换新的行李舱盖。你作为车身维修技术人员，需要对此次事故车辆进行维修并更换新的行李舱盖总成等部件。

学习目标 →

　　完成本学习任务后，你应当能：

　　（1）了解行李舱盖的开启方法；

　　（2）识别行李舱盖的主要零部件；

　　（3）规范拆装与调整行李舱盖总成。

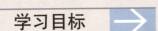

一、知识准备 ≫

（一）行李舱盖的开启方法

　　行李舱盖又叫后备厢盖，开启方法因车型不同也有所区别。常见的开启行李舱盖的方法有以下五种。

　　（1）在中控门锁已经开启的状态下，扣动行李舱盖外把手，如图 7-1 所示。

（2）直接按压遥控钥匙上行李舱盖开启按钮，行李舱盖会自动弹起，如图7-2所示。

图7-1　扣动行李舱盖外把手

图7-2　按压遥控钥匙上的开启按钮

（3）在驾驶室侧扣动行李舱盖开启按钮，行李舱盖会自动弹起，如图7-3所示。

（4）用车钥匙打开行李舱盖，如图7-4所示。

图7-3　扣动行李舱盖开启按钮

图7-4　用钥匙开启行李舱盖

（5）通过脚部感应开启行李舱盖，如图7-5所示。

图7-5　通过脚部感应开启行李舱盖

😊温馨小贴士：行李舱盖开启备用模式：当电动中央门锁机构出现故障，通过上述各种方式均无法开启行李舱盖时，可将后座椅靠背放倒，从内部接近行李舱盖锁，将一字螺丝刀插入锁体上的备用模式开启孔（见图7-6），顺时针转动锁孔即可开启行李舱盖，如图7-7所示。

图 7-6　备用模式开启孔

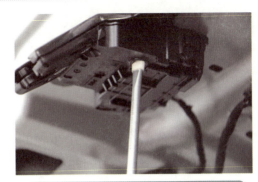

图 7-7　顺时针转动锁孔

（二）行李舱盖的结构组成

行李舱盖与发动机舱盖结构类似，主要由外板、内板和加强梁等组成。雪佛兰新科鲁兹轿车的行李舱盖主要还包括行李舱盖外把手、行李舱盖铰链、行李舱盖扭杆、线束、行李舱盖密封条等相关零部件，如图 7-8 所示。

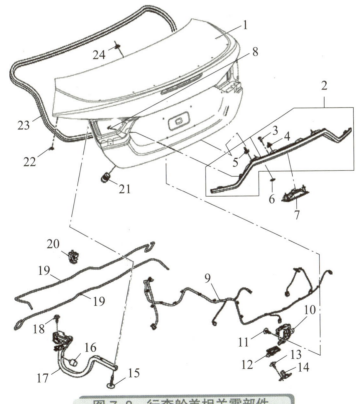

图 7-8　行李舱盖相关零部件

1—行李舱盖；2—行李舱盖中央饰件；3—行李舱盖中央饰件螺母；4—行李舱盖中央饰件卡扣；
5—行李舱盖中央饰件双头螺栓；6—孔塞；7—行李舱盖外把手；8—行李舱盖中央饰件螺栓；
9—线束；10—行李舱盖锁闩；11—行李舱盖锁闩螺栓；12—行李舱盖锁闩盖；13—行李舱盖锁闩锁扣螺栓；
14—行李舱盖锁闩锁扣；15—行李舱盖铰链螺栓（行李舱盖侧）；16—行李舱盖铰链减震器；
17—行李舱盖铰链；18—行李舱盖铰链螺栓（车身侧）；19—行李舱盖扭杆；20—行李舱盖铰链弹簧固定件；
21—行李舱盖缓冲块；22—行李舱盖内板排放孔塞；23—行李舱盖密封条；24—行李舱盖中央饰件螺母

二、任务实施

行李舱盖的拆装与调整。

（一）项目说明

指导教师先示范操作，每一个步骤的要求及安全注意事项必须强调说明；小组学员在指导教师的带领下，能够准确识别行李舱盖主要零部件，掌握行李舱盖规范的拆装与调整方法。

（二）技术要求与标准

（1）两名学员相互配合能在 35 min 内完成此项目。

（2）技术标准。

行李舱盖与后侧围板的间隙为 3.0 mm ± 0.75 mm；行李舱盖与后保险杠蒙皮的间隙为 5.5 mm ± 1.5 mm。行李舱盖到铰链的固定螺母紧固力矩为 9 N · m。

（三）工具、设备和材料

（1）雪佛兰新科鲁兹轿车（或其他车型车辆）。

（2）拆装工具及专用工具。

（3）座椅套、转向盘套、变速杆手柄套、驻车制动器操纵杆套、脚垫、前翼子板防护垫、前保险杠防护垫。

（4）手套、清洁抹布等辅料。

（5）雪佛兰新科鲁兹轿车（或其他车型车辆）维修手册。

（四）作业准备

（1）工具准备，如图 7-9 所示。

（2）安全防护准备。

①穿好防护用品。

②车辆进入修理工位前，将工位清理干净，准备好相关的工具和材料（见图 3-3、图 3-4）。

③将车辆停驻在举升机中央位置（见图 3-5）。

图 7-9　使用工具

④将变速杆置于空挡或驻车挡（P 挡）位置；拉起驻车制动器操纵杆（见图 3-6、图 3-7）。

⑤安装座椅套、转向盘套、变速杆手柄套、驻车制动器操纵杆套，铺设脚垫（见图 3-8~图 3-12）。

（五）实施与总结

（1）根据教学实际，按工位多少进行有效分组，建议同一类型或相关实训课题同时开展，使工位和设备利用最大化。

（2）操作步骤如下所示。

①拆装行李舱盖。

a.拆卸行李舱盖。

（a）断开蓄电池负极电缆。

（b）使用塑料卡扣拆卸器拆下行李舱盖内板装饰件卡扣共 10 个，如图 7-10 所示。

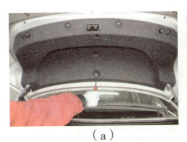　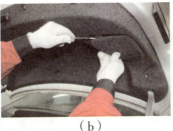　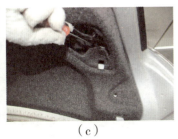

（a）　　　　　　　　（b）　　　　　　　　（c）

图 7-10　拆下行李舱盖内板装饰件卡扣

（c）使用小规格一字螺丝刀撬开行李舱盖锁护罩，取下行李舱盖内板装饰件，如图 7-11 所示。

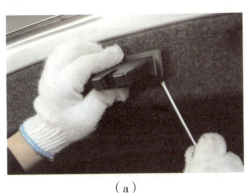　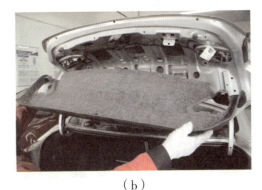

（a）　　　　　　　　　　（b）

图 7-11　取下行李舱盖内板装饰件

（d）拆卸行李舱盖各类插头及线束，如图 7-12 所示。

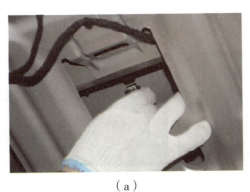　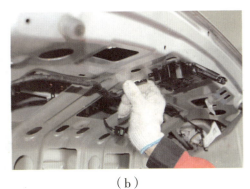

（a）　　　　　　　　　　（b）

图 7-12　拆卸各类插头及线束

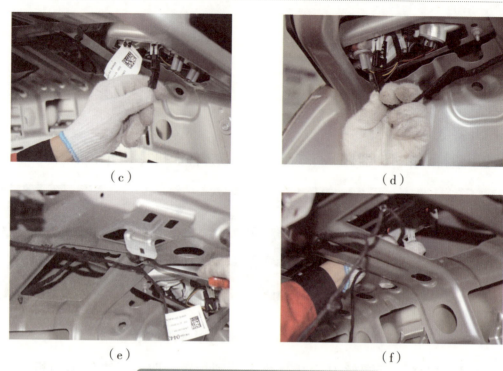

图 7-12　拆卸各类插头及线束（续）

（e）使用记号笔标记出行李舱盖铰链螺栓位置，如图 7-13 所示。

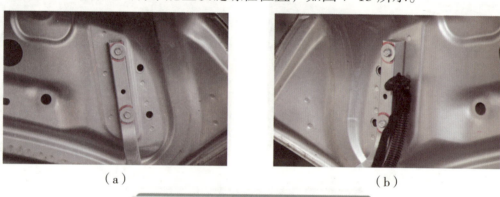

图 7-13　标记行李舱盖铰链螺栓位置

（f）使用套筒棘轮扳手拆下行李舱盖铰链螺栓共 4 个，两人配合取下行李舱盖，如图 7-14 所示。

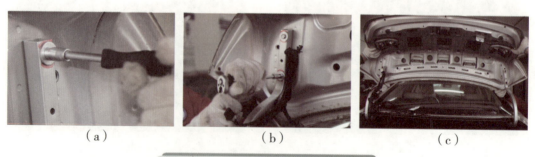

图 7-14　两人配合取下行李舱盖

（g）使用螺丝刀拆下行李舱盖锁固定螺栓共 2 个，取下行李舱盖锁，如图 7-15 所示。

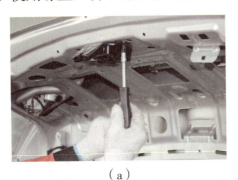
（a）

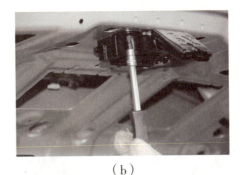
（b）

图 7-15　拆卸行李舱盖锁

（h）使用套筒棘轮扳手拆卸行李舱盖尾灯固定螺母共 2 个（一侧为 1 个），取下行李舱盖尾灯总成，如图 7-16 所示。

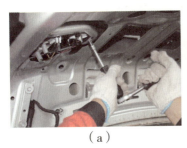
（a）

（b）

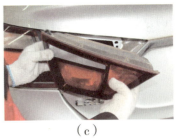
（c）

图 7-16　拆卸行李舱盖尾灯

（i）拆卸第三制动灯、可调式橡胶缓冲块等其他附属件。

b. 安装行李舱盖。

（a）两人相互协作，将行李舱盖总成按照之前的定位标记固定在铰链上。

⚠ **注意**：安装螺栓时必须按照维修手册标注的拧紧力矩拧紧！

（b）按线路原有的走势，将线路布置好并固定牢靠。

（c）安装行李舱盖尾灯、第三制动灯。

（d）安装行李舱盖锁、可调式橡胶缓冲块。

（e）连接好所有的插头；连接蓄电池负极电缆，检查灯光是否点亮（见图 7-17）。

图 7-17　检查灯光是否点亮

⚠️ **注意**：断开蓄电池电缆后重新连接时，某些系统需要初始化！

（f）安装行李舱盖内板装饰件。

（g）按照维修手册的要求调整行李舱盖与相邻各部件的间隙面差，使之符合原厂技术标准，如图7-18所示。

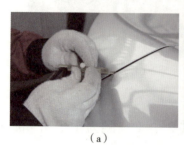

（a）　　　　　　　　　　（b）　　　　　　　　　　（c）

图7-18　调整行李舱盖与相邻各部件的间隙面差

（h）对行李舱盖进行淋水试验检查其密封性。

（i）整理、清洁工位。

学习任务8

车窗玻璃及玻璃升降器的
拆装与更换

┃┃工作情境描述 →

　　车主高先生反映：爱车的左前车窗玻璃升降很慢且有异响声出现。你作为车身维修技术人员，需要对左前车窗玻璃升降器进行拆卸检查并做出维修或更换的正确选择。

┃┃学习目标 →

　　完成本学习任务后，你应当能：

（1）了解玻璃升降器的功能及特点；

（2）识别车窗玻璃升降器的主要结构；

（3）规范拆装车窗玻璃及玻璃升降器。

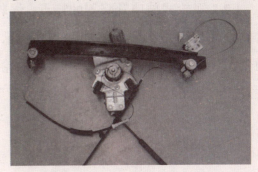

一、知识准备 》

（一）玻璃升降器的功能

　　玻璃升降器是按一定的驱动方式将汽车车窗玻璃沿玻璃导槽升起或下降，并能按要求停留在任意位置的装置，是调节车窗玻璃开度大小的专用部件。其功能具体表现在以下几个方面：

　　（1）能灵活调整车窗玻璃的开度大小，通风，防风雨。只有保证车窗玻璃平衡升降，并能顺利地开启和关闭，才能满足乘坐舒适的需要。

（2）车窗玻璃应能停在任意位置上，既不下滑，也不会由于汽车颠簸而上下跳动。

（3）锁上车门后，能防止外人将车窗玻璃强行拉下而进入车内。

（二）玻璃升降器的结构组成

玻璃升降器安装在车门内板上。雪佛兰新科鲁兹轿车的电动玻璃升降器主要由钢丝绳导向板、导向轮、玻璃升降电动机、升降滑块等组成，如图 8-1 所示。

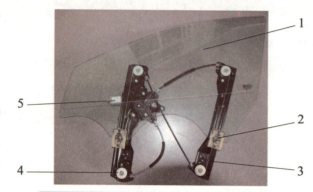

（三）玻璃升降器的特点

现代汽车玻璃升降器运用较多的是臂式玻璃升降器和柔式玻璃升降器，而丝杆式玻璃升降器主要用于较大车窗玻璃升降，现代汽车用的较少。

图 8-1　前车门电动玻璃升降器组成结构
1—车窗玻璃；2—升降滑块；3—钢丝绳导向板；
4—钢丝绳导向轮；5—玻璃升降电动机

（1）臂式玻璃升降器的特点：臂式玻璃升降器通常分为单臂式和双臂式两种，图 8-2 所示为双臂式中的交叉臂式玻璃升降器。臂式升降器的传动机构为齿轮齿板啮合传动，除齿轮外其主要构件均为板式结构，加工方便、成本低，但由于其采用悬臂式支撑结构及齿轮齿板机构，故工作阻力较大。

（2）绳轮式玻璃升降器的特点：绳轮式玻璃升降器属于柔式玻璃升降器的一种，较为常见，使用也最为广泛，如图 8-3 所示。绳轮式玻璃升降器以钢丝绳为运动软轴，依靠两个滑轮定位，通过蜗杆转动带动蜗轮，进而带动钢丝绳上下运动。其特点是工作可靠性好、运动平稳、噪声小、质量轻、安全方便、使用寿命长。

图 8-2　交叉臂式玻璃升降器

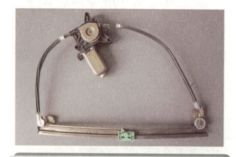

图 8-3　绳轮式玻璃升降器

二、任务实施

车窗玻璃及玻璃升降器的拆装与更换。

（一）项目说明

指导教师先示范操作，每一个步骤的要求及安全注意事项必须强调说明；小组学员在指导教师的带领下，能够准确识别车窗玻璃升降器主要组成零部件并掌握车窗玻璃及玻璃升降器的规范拆装方法。

（二）技术要求与标准

（1）一名学员能在 30 min 内完成此项目。

（2）技术标准。

玻璃升降器固定螺栓、螺母的紧固力矩为 11 N·m；车窗玻璃升降平顺自如。

（三）工具、设备和材料

（1）雪佛兰新科鲁兹轿车（或其他车型车辆）。

（2）拆装工具及专用工具。

（3）座椅套、转向盘套、变速杆手柄套、驻车制动器操纵杆套、脚垫、前翼子板防护垫、前保险杠防护垫。

（4）手套、清洁抹布等辅料。

（5）雪佛兰新科鲁兹轿车（或其他车型车辆）维修手册。

（四）作业准备

（1）工具准备，如图 8-4 所示。

（2）安全防护准备。

①穿好防护用品。

②车辆进入修理工位前，将工位清理干净，准备好相关的工具和材料（见图 3-3、图 3-4）。

③将车辆停驻在举升机中央位置（见图 3-5）。

④将变速杆置于空挡或驻车挡（P 挡）位置；拉起驻车制动器操纵杆（见图 3-6、图 3-7）。

图 8-4　使用工具

⑤安装座椅套、转向盘套、变速杆手柄套、驻车制动器操纵杆套，铺设脚垫（见图 3-8~ 图 3-12）。

⑥使用纸胶带对前车门内饰板进行有效防护，如图 8-5 所示。

（a）　　　　　　　　　　　　　　　　　（b）

图 8-5　对前车门内饰板进行有效防护

（五）实施与总结

（1）根据教学实际，按工位多少进行有效分组，建议同一类型或相关实训课题同时开展，使工位和设备利用最大化。

（2）操作步骤如下所示。

①拆装车窗玻璃及玻璃升降器（前车门）。

a. 拆卸车窗玻璃及玻璃升降器（前车门）。

（a）打开车辆电源开关，将前车窗玻璃降至约1/2的位置，如图8-6所示。

图8-6 车窗玻璃降至约1/2的位置

（b）断开蓄电池负极电缆。

（c）拆卸前车门内饰板。

• 使用小规格一字螺丝刀小心撬开前车门扶手及内把手处装饰盖板并取下，如图8-7所示。

（a）

（b）
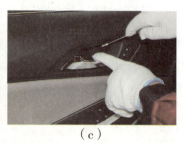
（c）

图8-7 拆卸前车门扶手及内把手处装饰盖板

• 使用套筒棘轮扳手拆卸前车门扶手及内把手处固定螺钉共3个，如图8-8所示。

（a）
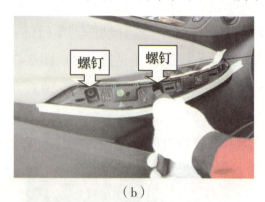
螺钉　螺钉
（b）

图8-8 拆卸前车门扶手及内把手处固定螺钉

• 使用塑料卡扣拆卸器小心撬开前车门内饰板，双手扒开内饰板与窗台内密封条的固定卡夹，脱开前车门内饰板，如图8-9所示。

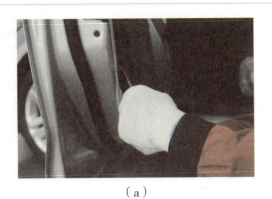
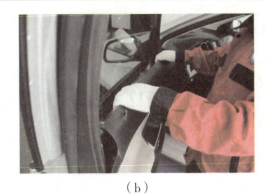

（a）　　　　　　　　　　　　（b）

图 8-9　脱开前车门内饰板

• 按压前车门内把手拉索固定卡夹使其脱开，如图 8-10 所示。

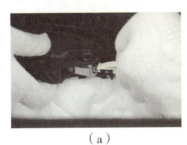
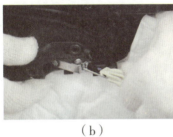
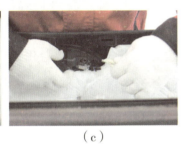

（a）　　　　　　　　　（b）　　　　　　　　　（c）

图 8-10　脱开前车门内把手拉索

• 拆卸前车门内饰板各类开关插头，取下前车门内饰板，如图 8-11 所示。

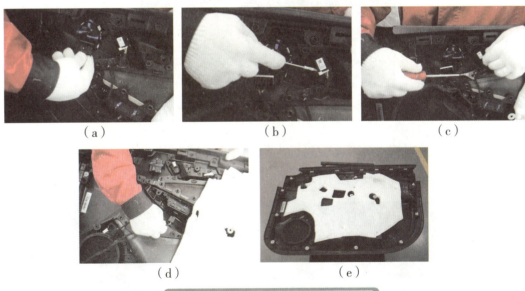

（a）　　　　　　　　　（b）　　　　　　　　　（c）

（d）　　　　　　　　　　　（e）

图 8-11　取下前车门内饰板

（d）拆下车窗玻璃框内装饰板，如图 8-12 所示。

（e）小心撕开防水帘，如图 8-13 所示。

图 8-12   拆卸车窗玻璃框内装饰板

图 8-13   小心撕开防水帘

😊温馨小贴士：车门防水帘一般使用的都是不干胶条，是以异丁橡胶为主要原料，配以其他高分子材料加工制成的一种终生不固化型自粘防水密封胶条，其特点是：指压贴合容易，与汽车内钢板和防水帘均有较好的黏结性，能长期保持黏弹性和密封性。同时具有优良的耐候性、耐老化性及防水性，对被黏物表面起到密封、减振、保护等作用。由于完全不含溶剂，因而终生不固化，可多次使用。

（f）断开电动玻璃升降器插头，如图 8-14 所示。

图 8-14   断开电动玻璃升降器插头

（g）一只手使用小规格一字螺丝刀分别顶开两侧升降滑块卡夹，另一只手同时向上托举车窗玻璃，使其脱开，如图 8-15 所示。

（a）

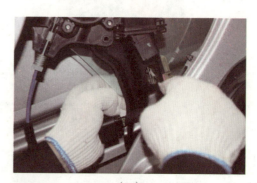

（b）

图 8-15   脱开车窗玻璃

（h）双手慢慢托举车窗玻璃升至一定高度，倾斜一定角度后取出车窗玻璃，如图8-16所示。

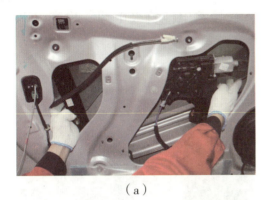
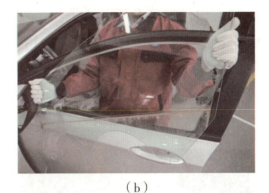

（a）　　　　　　　　　　　　　　（b）

图8-16　取出车窗玻璃

（i）图8-17所示为车窗玻璃升降器固定螺母及螺栓的安装位置，使用套筒棘轮扳手拆下4个螺母和1个螺栓（见图8-18）。

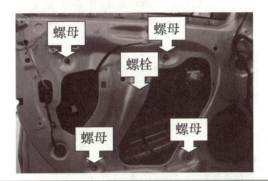

图8-17　玻璃升降器固定螺母及螺栓安装位置　　　图8-18　拆卸玻璃升降器固定螺母及螺栓

（j）双手配合取出前车门电动玻璃升降器，如图8-19所示。

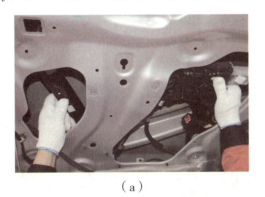
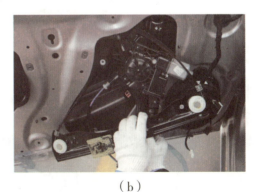

（a）　　　　　　　　　　　　　　（b）

图8-19　取出电动玻璃升降器

b. 安装车窗玻璃及玻璃升降器（前车门）。

（a）按原先位置安装好电动玻璃升降器并固定牢靠。

⚠ **注意**：安装螺栓、螺母时必须按照维修手册标注的拧紧力矩拧紧！

（b）双手将车窗玻璃倾斜一定角度，小心放入车门玻璃导槽内并平行降至与升降滑块牢牢卡紧。

（c）接好电动玻璃升降器插头及线束插头，连接蓄电池负极电缆，检查电动外后视镜、中控门锁、车窗玻璃升降器等各项功能是否正常。

（d）安装车窗玻璃框内装饰板。

（e）粘贴好防水帘，安装前车门内饰板及其附属件。

· 安装各类插头并卡紧线束，如图8-20所示。

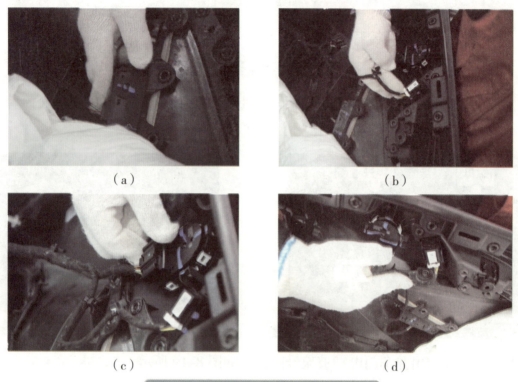

（a）　　　　　　　　　　　（b）

（c）　　　　　　　　　　　（d）

图8-20　安装各类插头并卡紧线束

· 安装前车门内饰板，如图8-21所示。

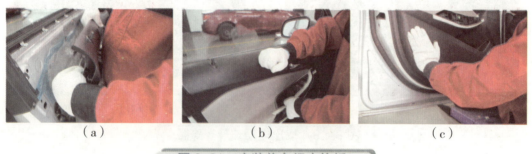

（a）　　　　（b）　　　　（c）

图8-21　安装前车门内饰板

· 安装前车门扶手及内把手处固定螺栓和装饰盖板，如图 8-22 所示。

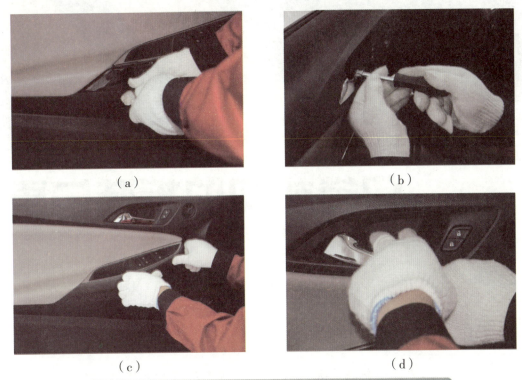

（a）　　　　　　　　　　　　（b）

（c）　　　　　　　　　　　　（d）

图 8-22　安装前车门扶手及内把手处固定螺栓和装饰盖板

· 整理、清洁工位。

学习任务 9
门锁机构的拆装与更换

工作情境描述 →

　　汽车品牌 4S 店里，一辆轿车用户反映：左前车门有时打不开。经判断，可能是左前门锁机构出现了故障。你作为车身维修技术人员，需要对左前门锁机构进行拆卸检查并做出维修或更换的正确选择。

学习目标 →

　　完成本学习任务后，你应当能：

　　（1）了解门锁机构的作用；

　　（2）识别门锁机构的主要零部件；

　　（3）熟知卡板式车门锁的工作原理；

　　（4）规范拆装门锁机构。

一、知识准备 》》

（一）门锁机构的作用

　　门锁机构是汽车车身最重要、使用最频繁的专用保安部件，它一方面直接关系到汽车行驶时乘员的安全，另一方面也是汽车的防盗安全装置，具体表现在以下几个方面：

　　（1）门锁机构装置具有对车门的导向、定位和防振的能力。

（2）门锁机构具有两个挡位的锁紧位置——全锁紧和半锁紧。半锁紧挡的作用：汽车行驶中，当车门松动时，一旦与工作位置脱开，半锁紧挡仍能起到使车门关闭的保险作用，由此产生的松旷声，或者专设的安全指示信号能及时提醒驾乘人员注意安全，并将其重新锁闭。

为保证安全，门锁机构还具有可靠的安全锁止功能。如按下锁止按钮或外把手处于锁止状态时，扣动车门内外把手不能打开车门，在车外只有使用钥匙或按压遥控开启按钮，在车内只有先开启锁止按钮才能打开车门。

（3）汽车在高速行驶时，为防止儿童误开内把手的意外事故发生，在后门锁内装有儿童安全锁止机构。当启动了儿童安全锁止机构后，后车门是无法从里面开启的。现在许多新车还配备了自动落锁功能，只要行车速度超过 10 km/h，中控锁就会自动启动，将所有车门锁闭，主要是针对车外不法分子恶意开启车门来进行安全防范的，在某种情况下，也可以起到保护儿童的作用。

（二）门锁机构的结构组成

雪佛兰新科鲁兹轿车的前车门门锁机构主要包括前车门门锁、门锁扣、内外把手及其操纵部件等，如图 9-1 所示。

（三）卡板式车门锁的工作原理

卡板式车门锁受力平稳、冲击性小，零件多为钢板冲压、加

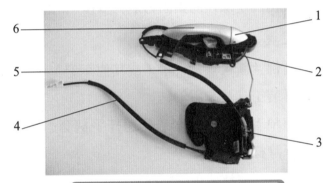

图 9-1　前车门门锁机构结构

1—前车门外把手盖；2—前车门外把手罩；3—前车门门锁；4—前车门内把手拉索；5—前车门外把手拉索；6—前车门外把手

工后装配而成，结构紧凑，生产工艺性、可靠性均好，使用寿命长且维修方便，强度高、定位准，锁体结构也可用增强树脂制造，既轻巧，启闭噪声又低，因此，适用范围很广。

工作时，利用锁体上的卡板和门锁扣的脱开或啮合来实现车门的开闭。当车门关闭时，固定在门框上的门锁扣与锁体上的卡板相碰撞，门锁扣推动卡板绕卡板主轴旋转，卡板弹簧被压缩，同时卡板的旋转带动棘爪转动，使棘爪弹簧被拉伸，呈锁定状态〔见图 9-2（a）〕，当不扣动门内、外把手时，车门始终处于关闭状态；当扣动门内、外把手时，外力推开棘爪，卡板与棘爪在各自弹簧恢复力的作用下脱开，呈解锁状态〔见图 9-2（b）〕。锁门时，按下遥控器上的车门锁止键（或用车钥匙顺时针转动锁芯），中央门锁控制盒接收到锁门的信号后会进行解码，如果是正确的代码，就输入控制电路并使驱动器工作，从而带动连接装置断开与外把手的连接，车门锁止。

二、任务实施

门锁机构的拆装与调整。

（一）项目说明

指导教师先示范操作，每一个步骤的要求及安全注意事项必须强调说明；小组学员在指导教师的带领下，能够准确识别门锁机构主要零部件并掌握门锁机构的规范拆装方法。

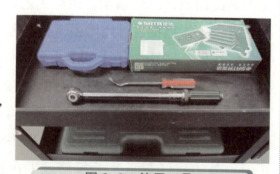

图 9-2　门锁机构工作原理
（a）卡板在车门关闭力作用下呈锁定状；
（b）在弹簧复原力作用下呈解锁状态
1—主板卡轴；2—门锁扣；3—棘爪

（二）技术要求与标准

（1）一名学员能在 50 min 内完成此项目。

（2）技术标准。

门锁机构固定螺栓的紧固力矩为 9 N·m；门锁开关、锁止正常。

（三）工具、设备和材料

（1）雪佛兰新科鲁兹轿车（或其他车型车辆）。

（2）拆装工具及专用工具。

（3）座椅套、转向盘套、变速杆手柄套、驻车制动器操纵杆套、脚垫、前翼子板防护垫、前保险杠防护垫。

（4）手套、清洁抹布等辅料。

（5）雪佛兰新科鲁兹轿车（或其他车型车辆）维修手册。

（四）作业准备

（1）工具准备，如图 9-3 所示。

（2）安全防护准备。

①穿戴好防护用品。

②车辆进入修理工位前，将工位清理干净，准备好相关的工具和材料（见图 3-3、图 3-4）。

③将车辆停驻在举升机中央位置（见图 3-5）。

④将变速杆置于空挡或驻车挡（P 挡）位置；拉起驻车制动器操纵杆（见图 3-6、图 3-7）。

⑤安装座椅套、转向盘套、变速杆手柄套、驻车制动器操纵杆套，铺设脚垫（见图 3-8~图 3-12）。

图 9-3　使用工具

⑥使用纸胶带对车门内饰板进行有效防护（见图 8-5）。

（五）实施与总结

（1）根据教学实际，按工位多少进行有效分组，建议同一类型或相关实训课题同时开展，使工位和设备利用最大化。

（2）操作步骤如下所示。

①拆装门锁机构（前车门）。

a.拆卸门锁机构（前车门）。

（a）降下前车窗玻璃至约 1/2 的位置，断开蓄电池负极电缆。

（b）拆卸车门内饰板。

（c）拆卸车窗玻璃及玻璃升降器。

（d）使用套筒棘轮扳手拆下门锁电动机固定螺栓 1 个，用塑料卡扣拆卸器撬开线束固定卡扣，取下门锁电动机插头，如图 9-4 所示。

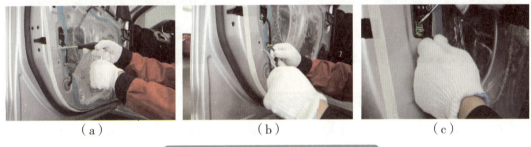

（a）　　　　　　　　（b）　　　　　　　　（c）

图 9-4　取下门锁电动机插头

（e）使用小规格一字螺丝刀撬开前车门检修孔堵塞，用螺丝刀松开外把手盖固定螺栓，如图 9-5 所示。

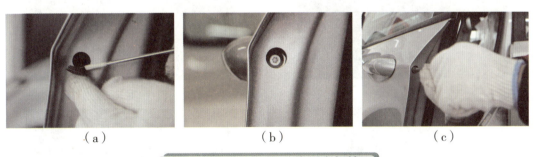

（a）　　　　　　　　（b）　　　　　　　　（c）

图 9-5　松开外把手盖固定螺栓

（f）取下前车门外把手盖及外把手，如图 9-6 所示。

 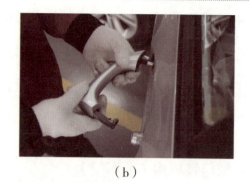

（a）　　　　　　　　　　　（b）

图 9-6　取下前车门外把手盖及外把手

（g）取下前车门外把手盖衬垫，使用螺丝刀拆下外把手罩固定螺栓 1 个，如图 9-7 所示。

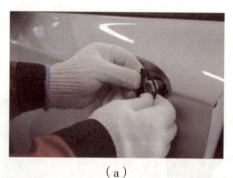 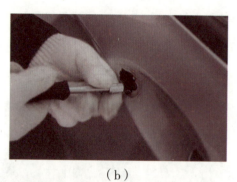

（a）　　　　　　　　　　　（b）

图 9-7　拆卸外把手罩固定螺栓

（h）取下前车门锁杆，使用螺丝刀拆下门锁沉头螺栓 3 个，取出门锁机构，如图 9-8 所示。

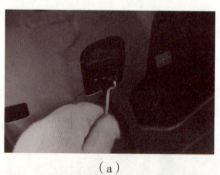 

（a）　　　　　　　　　　　（b）

（c）　　　　　　　　　　　（d）

图 9-8　取出门锁机构

b. 安装门锁机构（前车门）

（a）将门锁机构放入车门内，安装好门外锁止连杆，如图 9-9 所示。

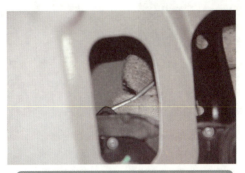

图 9-9　安装门外锁止连杆

（b）将外把手罩安装在车门上并固定牢靠，如图 9-10 所示。

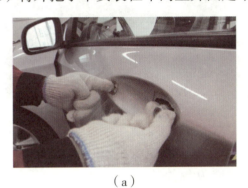

（a）

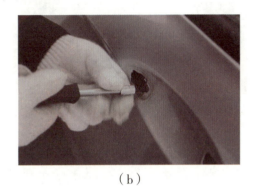

（b）

图 9-10　安装外把手罩

（c）安装外把手及外把手盖，如图 9-11 所示。

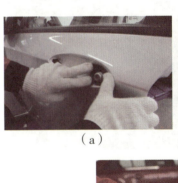

（a）

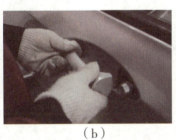

（b）

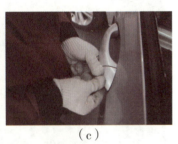

（c）

（d）

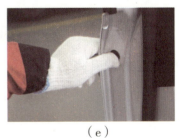

（e）

图 9-11　安装外把手及外把手盖

（d）安装前车门门锁，如图9-12所示。

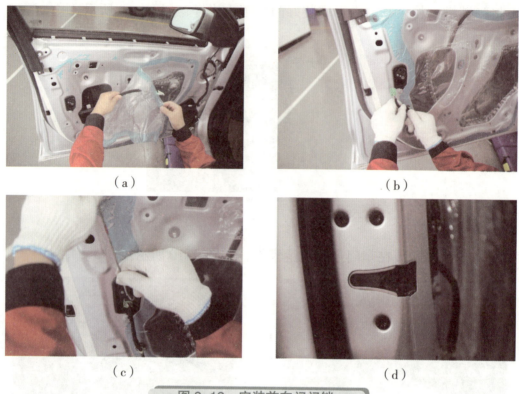

（a）　　　　　　　　　　　　（b）

（c）　　　　　　　　　　　　（d）

图9-12　安装前车门门锁

⚠ 注意：安装螺栓时必须按照维修手册标注的拧紧力矩拧紧！

（e）检查门锁机构安装后是否能正常使用，如图9-13所示。

（a）　　　　　　　　　　　　（b）

图9-13　检查门锁机构是否能正常使用

（f）安装车窗玻璃及玻璃升降器。

（g）连接各类插头、蓄电池负极电缆，测试电动外后视镜、中控门锁、电动玻璃升降器等各项功能是否正常。

（h）粘贴好车门防水帘，安装车门内饰板及其附属件。

（i）整理、清洁工位。

学习任务 10
后视镜的拆装与调整

▌工作情境描述 →

一辆货车与停在路边的一辆轿车不慎造成剐蹭，使得轿车的左后视镜发生破裂。你作为车身维修技术人员，需要对左后视镜进行拆卸并更换。

▌学习目标 →

完成本学习任务后，你应当能：

（1）了解后视镜的作用、分类及特点；

（2）识别外后视镜的主要零部件；

（3）掌握电动外后视镜的调整方法；

（4）规范拆装电动外后视镜。

一、知识准备 》》

（一）后视镜的作用

汽车后视镜能反映汽车后方、侧方和下方的情况，使驾驶员可以间接看清楚这些位置的情况，它起着"第二只眼睛"的作用，扩大了驾驶员的视野范围。

汽车后视镜属于重要安全件，它的镜面、外形和操纵都颇有讲究。后视镜的质量及安装都有相应的行业标准，不能随意更改。

（二）后视镜的分类

后视镜按安装位置划分为外后视镜、下后视镜和内后视镜三种类型。按用途划分，外后视镜反映汽车后侧方，下后视镜反映汽车前下方，内后视镜反映汽车后方及车内情况。以驱动方式分，有手动后视镜和电动外后视镜。

用途不一样，镜面结构也会有所不同。一般后视镜镜面主要有两种，一种是平面镜，顾名思义镜面是平的，用术语表述就是"表面曲率半径 R 无穷大"，这与一般家庭用镜一样，可得到与目视大小相同的映像，这种平面镜常用作内后视镜。另一种是凸面镜，镜面呈球面状，具有大小不同的曲率半径，它的映像比目视小，但视野范围广，好像相机"广角镜"的作用，这种凸面镜常用作外后视镜和下后视镜。

大客车和大货车一般装配外后视镜、下后视镜和内后视镜，而轿车及其他轻型乘用车一般只装配外后视镜和内后视镜。

（三）后视镜的主要特点及影响因素

后视镜有一个视界的问题，也就是指镜面所能够反映到的范围。业界有视界三要素的说法，即驾驶员眼睛与后视镜的距离、后视镜的尺寸大小、后视镜的曲率半径。这三要素之间具有一定的关系，即当后视的距离和尺寸相同时，镜面的曲率半径越小，镜面反映的视野就越大。但事物总有两重性，虽然镜面的曲率半径越小视野范围越大，但同时镜面反映的物体变形程度也越大，与真实距离也越远，往往造成驾驶员的错觉。因此，镜面的曲率半径就有一个限制范围，行业标准规定外后视镜的曲率半径为 1 200 mm，内后视镜的曲率半径为无限大（平面镜）。由于行业规定了轿车外后视镜的安装位置不得超出汽车最外侧 250 mm，所以原车配的后视镜会有盲区。

同时，后视镜也有一个反射率指标。反射率越大，镜面反映的图像越清晰。反射率的大小与镜内表面反射膜材料有关。汽车后视镜反射膜一般用银和铝为材料，它们的最小反射率为 80%。高反射率在一些场合会有副作用，例如夜间行车在后面汽车前照灯的照射下，经内后视镜的反射会使驾驶员产生炫目感，影响行车安全。因此，内后视镜一般采用棱形镜，虽然镜面也是平的，但其截面形状是棱形，它利用棱形镜的表面反射率与里面反射率不一样的特点，达到无炫目要求。白天采用反射率为 80% 的银质或铝质里面反射膜，晚上则用反射率只有 4% 左右的表面玻璃。因此，晚上只需略微将白天位置的内后视镜转动一下角度就行了。目前有一种自动变色（Auto-Dimming）的内后视镜，它的电子感光检测器能自动分辨外界的自然光和强加光源，通过电流变化在几秒钟内调节镜内的液晶材料，从无色变到有色以调节内后视镜的反射率，从而解决炫目问题。

驾驶员眼睛与后视镜的距离，也就是后视镜的安装位置，直接影响到后视镜的视界、清晰程度和汽车轮廓尺寸，对行车安全很重要。因此，后视镜的安装位置要求达到行业标准的视界要求；后视镜应尽可能靠近驾驶员的眼睛，应方便驾驶员观察，头部及眼球转动尽量小；后视镜应安装在车身上下振动最小的位置上。以现在的轿车为例，外后视镜主要装配在前车门上，控制方式有电动式和手动式。电动式外后视镜的镜片后面装有驱动机构，它由小型可逆式直流电动机、减速齿轮、电磁离合器组成，驾驶员在车内控制开关对外后视镜进行上下左右调整，调整范围在 30° 以内，并可以折叠。手动式外后视镜多采用线缆驱动——杠杆式，驾驶员在驾驶座上摆动车门上相应的小手柄，即可上下左右调整镜面角度，这种手动后视镜的结构比较简单，一般装配在经济型轿车上。

（四）外后视镜的结构组成

　　轿车的外后视镜安装在两侧前车门上。雪佛兰新科鲁兹轿车的外后视镜主要包括外后视镜护罩、安装底座、外后视镜镜片、侧转向灯、调整电动机等零部件，如图 10-1 所示。

（五）外后视镜的调整

　　雪佛兰科鲁兹轿车电动外后视镜的调节方法：首先在左前门扶手处的

图 10-1　外后视镜结构图
1—外后视镜护罩；2—侧转向灯；
3—外后视镜镜片；4—安装底座

后视镜开关总成位置选择要调整的后视镜（见图 10-2），"L"为驾驶员侧后视镜，"R"为乘客侧后视镜；然后通过调节按钮可在四个方向上调整后视镜的观察方向及角度。调整完毕后，应将选择键置于中间的"0"位置。

　　😊温馨小贴士：电动外后视镜的使用必须在接通电源的情况下进行。为了保障行车安全，在行驶时不要调整后视镜，以防误操作造成事故的发生。另外，为了节约停车空间，方便其他车辆顺利通过，驻车后最好将左右外后视镜向后折叠，如图 10-3 所示。

图 10-2　电动外后视镜开关总成

图 10-3　外后视镜向后折叠

　　左侧后视镜调整要领：把水平线置于后视镜的中线位置，然后再把车身的边缘调到占据镜面影像的 1/4，如图 10-4 所示。

右侧后视镜调整要领：把水平线置于后视镜的 2/3 位置，然后再把车身的边缘调到占据镜面影像的 1/4，如图 10-5 所示。

图 10-4　左侧后视镜的调整

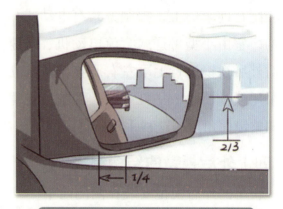

图 10-5　右侧后视镜的调整

😊温馨小贴士：外后视镜因为长期曝露在外，很容易沾到空气中的油污，用一般的面纸擦拭，总是力有未逮，一遇到雨水，还是模糊不清。牙膏是很好的后视镜清洁剂，用淘汰的牙刷沾一点牙膏，由中心向外画圆的方式把镜面刷均匀，再用清水洗净即可。牙膏本身除了具有清洁效果外，也是很细致的研磨剂，可以把左、右后视镜上的油污、顽垢清除干净，即使遇到雨水，水滴也会结成球状而快速排除，不会粘在镜面成一片，妨碍驾车。

二、任务实施

后视镜的拆装与调整。

（一）项目说明

指导教师先示范操作，每一个步骤的要求及安全注意事项必须强调说明；小组学员在指导教师的带领下，能够准确识别外后视镜主要零部件，掌握外后视镜的规范拆装与调整方法。

（二）技术要求与标准

（1）一名学员能在 20 min 内完成此项目。

（2）技术标准。

外后视镜固定螺栓的紧固力矩为 9 N·m；外后视镜镜片角度调整正确。

（三）工具、设备和材料

（1）雪佛兰新科鲁兹轿车（或其他车型车辆）。

（2）拆装工具及专用工具。

（3）座椅套、转向盘套、变速杆手柄套、驻车制动器操纵杆套、脚垫、前翼子板防护垫、前保险杠防护垫。

（4）手套、清洁抹布等辅料。

（5）雪佛兰新科鲁兹轿车（或其他车型车辆）维修手册。

（四）作业准备

（1）工具准备，如图 10-6 所示。

（2）安全防护准备。

①穿戴好防护用品。

②车辆进入修理工位前，将工位清理干净，准备好相关的工具和材料（见图 3-3、图 3-4）。

③将车辆停驻在举升机中央位置（见图 3-5）。

④将变速杆置于空挡或驻车挡（P挡）位置；拉起驻车制动器操纵杆（见图 3-6、图 3-7）。

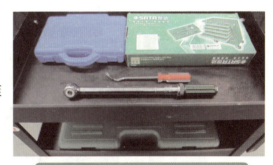

图 10-6　使用工具

⑤安装座椅套、转向盘套、变速杆手柄套、驻车制动器操纵杆套，铺设脚垫（见图 3-8~ 图 3-12）。

（五）实施与总结

（1）根据教学实际，按工位多少进行有效分组，建议同一类型或相关实训课题同时开展，使工位和设备利用最大化。

（2）操作步骤如下所示。

①拆装外后视镜（电动）。

a.拆卸外后视镜（电动）。

（a）打开车辆电源开关，降下车窗玻璃，如图 10-7 所示。

（b）断开蓄电池负极电缆。

（c）拆卸前车门内饰板。

（d）拆下车窗玻璃框内装饰板，如图 10-8 所示。

图 10-7　降下车窗玻璃

图 10-8　拆卸车窗玻璃框内装饰板

（e）断开电动外后视镜插头，如图 10-9 所示。

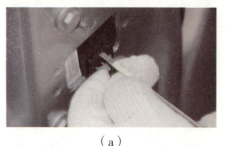
（a）

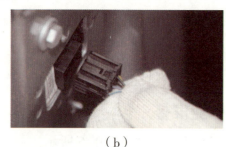
（b）

图 10-9　断开电动外后视镜插头

（f）使用套筒棘轮扳手拆下外后视镜 3 个固定螺栓，如图 10-10 所示。

（g）双手取下电动外后视镜总成，如图 10-11 所示。

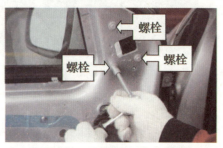

图 10-10　拆卸外后视镜固定螺栓

图 10-11　取下电动外后视镜总成

（h）使用塑料卡扣拆卸器小心拆下外后视镜镜片，如图 10-12 所示。

（a）

（b）

图 10-12　拆卸外后视镜镜片

b. 安装外后视镜（电动）。

（a）将外后视镜按正确安装位置放置在车门上，紧固 3 个固定螺栓。

⚠ 注意：安装螺栓时必须按照维修手册标注的拧紧力矩拧紧！

（b）连接各类插头、蓄电池负极电缆，测试电动外后视镜、中控门锁、电动玻璃升降器等各项功能是否正常。

（c）安装前门车窗玻璃框内装饰板。

（d）安装前车门内饰板及其附属件。

（e）按标准调整后视镜镜片的角度。

（f）整理、清洁工位。

学习任务 11
车门总成的拆装与调整

工作情境描述 →

　　一名小轿车驾驶员为了图方便，竟然逆向行驶准备穿过道路中央隔离带掉头，导致正常行驶的小轿车驾驶员措手不及，直接撞了上去。经检查：左后门受损面积较大且非常严重，没有维修价值。你作为车身维修技术人员，需要对此次事故车辆进行维修并更换左后门总成等部件。

学习目标 →

完成本学习任务后，你应当能：

（1）了解车门的作用及分类；

（2）识别车门总成的主要零部件；

（3）规范拆装与调整车门总成。

一、知识准备 》》

（一）车门的作用

　　车门的作用是为驾驶员和乘客提供出入车辆的通道，并隔绝车外干扰，在一定程度上减轻侧面撞击力，保护乘员而汽车的美观也与车门的造型有关。车门的好坏，主要体现在车门的防撞性能、车门的密封性能和车门的开合便利性，当然还有其他使用功能的指标等。其中防撞性能尤为重要，因为车辆发生侧碰时，缓冲距离很短，很容易就伤到车内的驾乘人员。

（二）车门的分类

⟨ 1. ⟩ 按其开启方式分类

1）顺开式车门

顺开式车门即使在汽车行驶时仍可借气流的压力关闭，因此比较安全，而且便于驾驶员在倒车时向后观察，故被广泛采用，如图11-1所示。

2）逆开式车门

逆开式车门在汽车行驶时若关闭不严就可能被迎面的气流冲开，因而用得较少，一般只是为了改善上下车的方便性及适于迎宾礼仪需要的情况下才采用，如图11-2所示。

图11-1　顺开式车门

图11-2　逆开式车门

3）水平移动式车门

水平移动式车门的优点是车身侧壁与障碍物距离较小的情况下仍能全部开启，如图11-3所示。

4）上掀式车门

上掀式车门广泛用作轿车及轻型客车的后门，也应用于低矮的汽车，如图11-4所示。

图11-3　水平移动式车门

图11-4　上掀式车门

5）折叠式车门

折叠式车门广泛应用于大、中型客车上，如图 11-5 所示。

图 11-5　折叠式车门

2.　按数量分类

（1）两门跑车车身如图 11-6 所示。

（2）三门掀背式车身如图 11-7 所示。

图 11-6　两门跑车车身

图 11-7　三门掀背式车身

（3）四门轿车车身如图 11-8 所示。

（4）五门掀背式车身如图 11-9 所示。

图 11-8　四门轿车车身

图 11-9　五门掀背式车身

3. 按其生产工艺分类

1）整体式车门

内外板由整块钢板冲压后包边而成，该生产方式初次模具投入成本较大，但可相应降低相关检具、夹具的使用，且材料利用率较低，如图11-10所示。

2）分体式车门

由车门框总成和车门内外板总成拼焊而成，门框总成可采用滚压方式生产，成本较低，生产率较高，整体相应模具成本较低，但后期检具、夹具成本较高，且工艺可靠性较差，如图11-11所示。

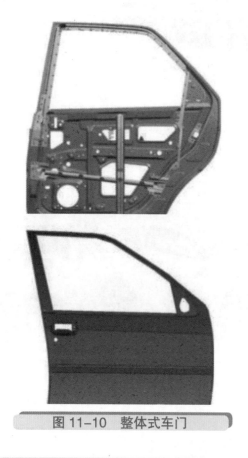

图 11-10　整体式车门

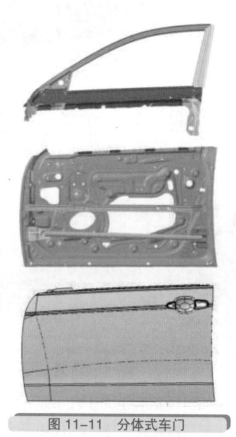

图 11-11　分体式车门

😊 **温馨小贴士**：整体式车门和分体式车门在整体成本方面相差不是很大，主要是根据相关的造型要求确定相关的结构形式。由于目前汽车造型要求较高，且生产效率要求较高，故车门整体结构趋向于分体式。

（三）车门铰链的作用及分类

车门铰链是决定车门与车身间相对位置、控制开闭运动的装置，一般由门铰链和销轴构成。车门铰链有内铰链（又称隐铰链）和外铰链之分。

1.　内铰链

通常采用合页式、臂式及四连杆式三种。现在大部分轿车都使用内铰链，如图 11-12 所示。

（a）

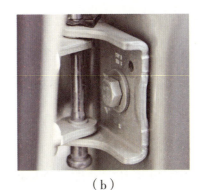
（b）

图 11-12　内铰链

2.　外铰链

外铰链一般也采用合页式结构，由于结构暴露于车门外表，有碍外观，一般应用在背门上或某些特殊车身结构中，如图 11-13 所示。

（a）

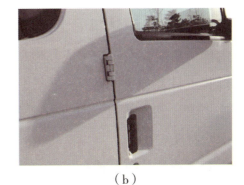
（b）

图 11-13　外铰链

（四）车门开度限位器的作用

车门开度限位器的作用是限制车门打开的程度。一方面，它可以限制车门的最大开度，防止车门开得过大；另一方面，它可在需要时使车门保持开启，如汽车停在坡道上或刮一般的风时，车门也不会自动关闭。常见的车门开度限位器是单独的拉带式限位器，也有的限位器和门铰链制成一体，通常在车门全开和半开时具有限位的功能，如图 11-14 所示。

图 11-14　车门开度限位器

二、任务实施

车门总成的拆装与调整。

（一）项目说明

指导教师先示范操作，每一个步骤的要求及安全注意事项必须强调说明；小组学员在指导教师的带领下，能够准确识别车门总成主要零部件并掌握车门总成的规范拆装与调整方法。

（二）技术要求与标准

（1）两名学员相互配合能在 60 min 内完成此项目。

（2）技术标准。

后车门与后侧围板的间隙为 3.5 mm ± 0.75 mm；前（后）车门与门槛外板的间隙为 4.5 mm ± 1.5 mm；前车门与后车门的间隙为 3.5 mm ± 0.75 mm；前（后）车门与侧围板上部的间隙为 6.1 mm ± 1.0 mm；前车门开度限位器的紧固力矩为 22 N·m；后车门开度限位器的紧固力矩为 25 N·m；车门铰链的紧固力矩为 25 N·m。

（三）工具、设备和材料

（1）雪佛兰新科鲁兹轿车（或其他车型车辆）。

（2）拆装工具及专用工具。

（3）座椅套、转向盘套、变速杆手柄套、驻车制动器操纵杆套、脚垫、前翼子板防护垫、前保险杠防护垫。

（4）手套、清洁抹布等辅料。

（5）雪佛兰新科鲁兹轿车（或其他车型车辆）维修手册。

（四）作业准备

（1）工具准备如图 11-15 所示。

（2）安全防护准备。

①穿戴好防护用品。

②车辆进入修理工位前，将工位清理干净，准备好相关的工具和材料（见图 3-3、图 3-4）。

③将车辆停驻在举升机中央位置（见图 3-5）。

④将变速杆置于空挡或驻车挡（P 挡）位置；拉起驻车制动器操纵杆（见图 3-6、图 3-7）。

图 11-15　使用工具

⑤安装座椅套、转向盘套、变速杆手柄套、驻车制动器操纵杆套，铺设脚垫（见图 3-8~ 图 3-12 ）。

（五）实施与总结

（1）根据教学实际，按工位多少进行有效分组，建议同一类型或相关实训课题同时开展，使工位和设备利用最大化。

（2）操作步骤如下所示。

①拆装车门总成（后车门）。

a. 拆卸车门总成（后车门）。

（a）打开电源开关，将后车窗玻璃降至合适位置，以便拆卸后车窗玻璃。

（b）断开蓄电池负极电缆。

（c）使用小规格一字螺丝刀撬开车门线束插接器防护罩，如图 11-16 所示。

（a）　　　　　　　　　　　　（b）

图 11-16　拆卸车门线束插接器防护罩

（d）断开车门线束插接器并取下，如图 11-17 所示。

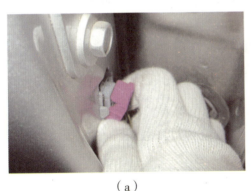
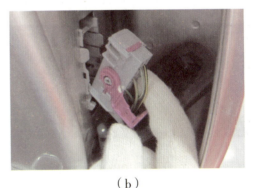

（a）　　　　　　　　　　　　（b）

图 11-17　断开车门线束插接器

（e）拆卸车门内饰板、车窗玻璃及玻璃升降器、门锁机构等附属件。

（f）拆卸车门开度限位器的 1 个固定螺栓和 2 个螺母，如图 11-18 所示。

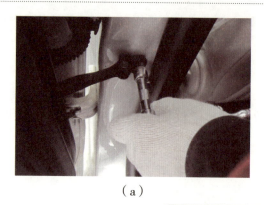
（a）

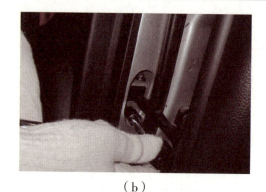
（b）

图11-18　拆卸车门开度限位器

⚠注意：车门开度限位器固定螺栓的力矩较大，不得使用小号棘轮扳手进行拆卸，否则有可能会损坏棘轮扳手。

（g）使用记号笔标记出车门铰链螺栓位置，如图11-19所示。

图11-19　标记出车门铰链螺栓位置

（h）使用梅花扳手和套筒棘轮扳手拆下车门铰链螺栓共4个，如图11-20所示。

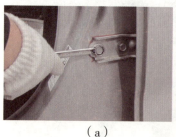
（a）

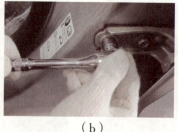
（b）

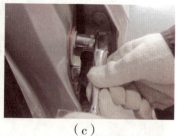
（c）

图11-20　拆卸车门铰链螺栓

⚠注意：拆卸车门铰链螺栓时，必须先用梅花扳手松开，再用中号棘轮扳手拆下螺栓；拆卸螺栓时须先从车门下铰链开始拆卸，分多次拆卸螺栓，最后拆卸车门上铰链螺栓。

（i）两人相互配合，取下车门总成，如图 11-21 所示。

😊 温馨小贴士：车门总成一般都比较重，拆装时找个助手帮助很重要，也可以使用液压千斤顶和橡胶垫顶住车门边缘，以支撑车门质量和保护车门，如图 11-22 所示。

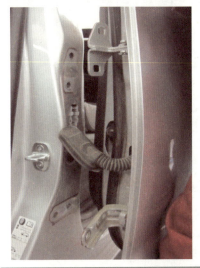

图 11-21　两人合作取下车门总成

图 11-22　千斤顶支撑车门

b. 安装车门总成（后车门）。

（a）由助手协助举起车门对准铰链安装位置（原标注位置）并初步拧紧，此时最好用千斤顶和橡胶垫配合支撑车门。

😊 温馨小贴士：初步拧紧的目的是方便后面调整车门与相邻部件之间的间隙面差。因此，不必拧得太紧。

（b）安装车门线束插接器及防护罩。

（c）安装车门开度限位器。

（d）安装门锁机构、车窗玻璃及玻璃升降器、车门内饰板等附属件。

（e）连接蓄电池负极电缆，测试中控门锁、电动玻璃升降器等各项功能是否正常。

（f）调整车门与相邻各部件的间隙面差，使之符合原厂技术标准，如图 11-23 所示。

（a）

（b）

图 11-23　调整车门与相邻各部件的间隙面差

😊 **温馨小贴士**：车门间隙的调整，通常是从后门开始，因为后翼子板是不可调的，因此必须调整后门与这些不可调的部件之间的间隙面差。后门调整好之后，再调整前门使之与后门相匹配，然后再调整前翼子板与前门相配合。车门通过铰链安装在车身上，通常可以进行前后和上下调整以及向内和向外的调整，如图11-24所示。

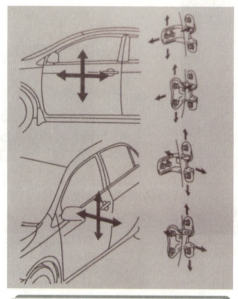

图 11-24　车门铰链的调整

（g）调整好车门与相邻各部件的间隙面差后拧紧螺栓。如有必要，还需调整门锁扣的位置，使车门开关顺畅自如，如图11-25所示。

图 11-25　调整门锁扣

⚠️ **注意**：安装螺栓时必须按照维修手册标注的拧紧力矩拧紧！

（h）测试车门密封性及各项功能是否正常。

（i）整理、清洁工位。

学习任务 12
车身密封条的拆装与更换

工作情境描述 →

　　杨先生驾驶的爱车已经使用了近十年，最近发现车内密封情况不太好，多处有大量灰尘出现并且噪声增大。来到汽车 4S 店后，车身维修技师建议其更换车身密封条。

学习目标 →

完成本学习任务后，你应当能：

（1）了解汽车密封条的功用及特点；

（2）叙述汽车密封条的类别；

（3）规范拆装常见的车身密封条。

一、知识准备 》》

（一）汽车密封条的功用及特点

　　汽车密封条是汽车的重要零部件之一，广泛用于车门、车窗、车身、座椅、天窗、发动机舱和行李舱等部位，具有防水、密封、隔声、防尘、防冻、减振、保暖及节能的重要作用。它必须具有很强的拉伸强度，良好的弹性，比较好的耐温性和耐老化性。为了保证胶条与型材的紧固，胶条的断面结构尺寸必须与型材相匹配。

（二）汽车密封条的分类

1. 按密封条安装部位（部件）的名称分类

密封条按其安装部位可分为发动机舱密封条，车门框密封条，前、后风窗密封条，天窗密封条，车门密封条，车窗导槽密封条，行李舱密封条，防噪声密封条，防尘条等。

2. 按断面形状分类

密封条按其断面形状可分为实芯制品（圆形、方形、扁平形断面形状）、中空制品及金属橡胶复合制品等类型。其中，金属橡胶复合密封条占60%以上。对于橡胶密封条来说断面设计至关重要。

3. 按密封特点分类

密封条按其密封特点可分为天候密封条和一般密封条。其中，天候密封条带有空心的海绵泡管，有较好的温、湿度保持功能。常用天候密封条有车门框密封条、行李舱密封条、发动机舱密封条等，常用一般密封条有前后风窗密封条和车窗密封条等。

4. 按胶料复合结构分类

密封条按胶料复合结构可分为纯胶密封条，由单一胶种构成；二复合密封条，由密实胶和发泡海绵胶构成；三复合密封条，由两种密实胶（其中一种为浅色）和海绵胶构成，通常在密实胶内部包含金属骨架和增强纤维。

5. 按材料品种分类

密封条按其材料品种可分为橡胶密封条、塑料密封条和热塑性弹性体密封条。

6. 按表面处理状态分类

密封条按其表面处理状态可分为植绒类密封条、表面涂层密封条和有织物贴饰密封条。

二、任务实施

车身密封条的拆装与更换。

（一）项目说明

指导教师先示范操作，每一个步骤的要求及安全注意事项必须强调说明；小组学员在指导教师的带领下，能够准确识别汽车上常见的密封条并掌握车身密封条的规范拆装与更换方法。

（二）技术要求与标准

（1）一名学员能在 20 min 内完成此项目。

（2）技术标准。

密封条的拆装无破损、无变形。

（三）工具、设备和材料

（1）雪佛兰新科鲁兹轿车（或其他车型车辆）。

（2）拆装工具及专用工具。

（3）座椅套、转向盘套、变速杆手柄套、驻车制动器操纵杆套、脚垫、前翼子板防护垫。

（4）手套、清洁抹布等辅料。

（5）雪佛兰新科鲁兹轿车（或其他车型车辆）维修手册。

（四）作业准备

（1）工具准备，如图 12-1 所示。

（2）安全防护准备。

①穿戴好防护用品。

②车辆进入修理工位前，将工位清理干净，准备好相关的工具和材料（见图 3-3、图 3-4）。

③将车辆停驻在举升机中央位置（见图 3-5）。

图 12-1　使用工具
1—螺丝刀盒件；2—塑料卡扣拆卸器；
3—橡胶锤；4—小棘轮套筒盒件

④将变速杆置于空挡或驻车挡（P 挡）位置；拉起驻车制动器操纵杆（见图 3-6、图 3-7）。

⑤安装座椅套、转向盘套、变速杆手柄套、驻车制动器操纵杆套，铺设脚垫（见图 3-8~图 3-12）。

⑥安装左、右前翼子板防护垫（见图 3-17、图 3-18）。

（五）实施与总结

（1）根据教学实际，按工位多少进行有效分组，建议同一类型或相关实训课题同时开展，使工位和设备利用最大化。

（2）操作步骤如下所示。

①拆装发动机舱密封条。

（a）打开发动机舱盖并可靠支撑，如图12-2所示。

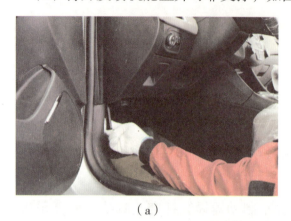 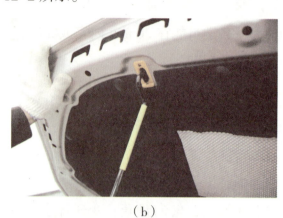

（a）　　　　　　　　　　　　　　（b）

图12-2　将发动机舱盖可靠支撑

（b）用手握住发动机舱密封条的一侧，向外拉动密封条使之脱开卡勾，如图12-3所示。

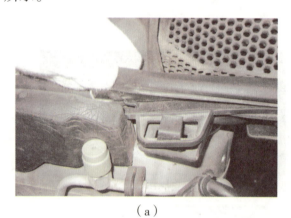 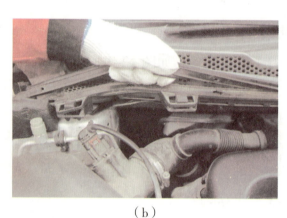

（a）　　　　　　　　　　　　　　（b）

图12-3　脱开卡勾

（c）依次脱开卡勾，取下发动机舱密封条，如图12-4所示。

图12-4　取下发动机舱密封条

（d）按拆卸相反的顺序安装好发动机舱密封条，如图 12-5 所示。

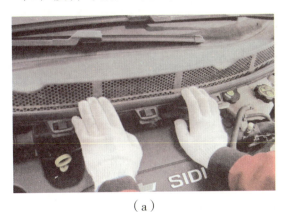
（a）

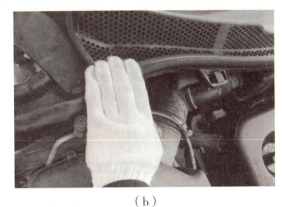
（b）

图 12-5　安装发动机舱密封条

②拆装车门框密封条

（a）打开车门，记住车门框密封条首尾连接处的位置，如图 12-6 所示。

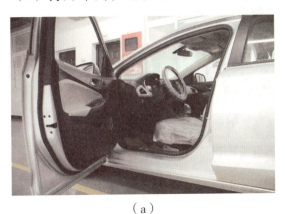
（a）

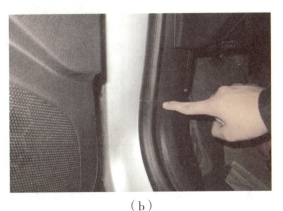
（b）

图 12-6　车门框密封条首尾连接处

（b）双手从车门框上部转角处开始，将车门框密封条往下拉，使之与车身分离，如图 12-7 所示。

图 12-7　拉开车门框密封条

（c）继续拉开车门框密封条，直至取下密封条，如图12-8所示。

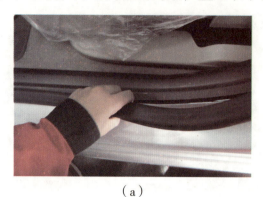
（a）

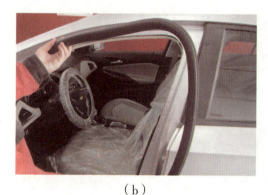
（b）

图12-8　取下车门框密封条

（d）安装车门框密封条时，需从上部转角处开始安装，如图12-9所示。

图12-9　从上部转角处安装车门框密封条

😊 **温馨小贴士：**为了使车门框密封条安装牢靠，需要使用到橡胶锤进行适当锤击，使之更加贴合，但锤击力度不宜过大。安装完毕后，需进行淋水测试，保证密封性能完好。

③拆装车门密封条。

（a）打开车门，沿车门密封条粘贴防护胶带，如图12-10所示。

😊 **温馨小贴士：**为了防止操作过程中划伤车身油漆，需对车门进行有效防护。

（b）使用塑料卡扣拆卸器小心撬开车门密封条固定卡扣，取下车门密封条，如图12-11所示。

😊 **温馨小贴士：**车门密封条固定卡扣拆卸后一般都需要重新更换新的卡扣。

图12-10　粘贴防护胶带

（c）按拆卸相反的顺序安装好车门密封条，如图12-12所示。

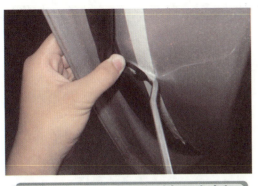

图 12-11　撬开车门密封条固定卡扣

图 12-12　按拆卸相反顺序安装车门密封条

④拆装窗台内密封条。

（a）拆卸车门内饰板（详见前面章节，这里不再赘述）。

（b）使用塑料卡扣拆卸器小心撬开窗台内密封条并取下，如图 12-13 所示。

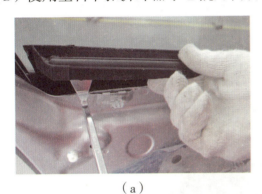

（a）　　　　　　　　　　　　　（b）

图 12-13　拆卸窗台内密封条

（c）按拆卸相反的顺序安装好窗台内密封条。

😊 温馨小贴士：拆下窗台内密封条后，有必要进行清洁与保养。

⑤拆装行李舱密封条。

（a）打开行李舱盖，记住行李舱密封条首尾连接处的位置，如图 12-14 所示。

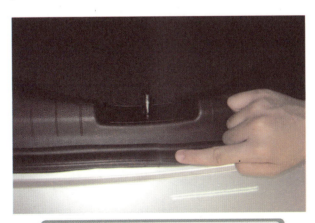

图 12-14　行李舱密封条首尾连接处

（b）从行李舱密封条上部转角处开始拉开密封条，直至取下密封条，如图 12-15 所示。

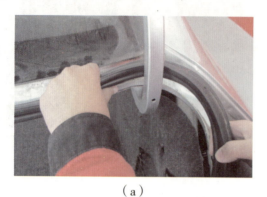
（a）

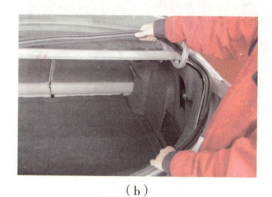
（b）

图 12-15　取下行李舱密封条

（c）安装行李舱密封条时，需从上部转角处开始安装，如图 12-16 所示。

图 12-16　从上部转角处安装行李舱密封条

😊 **温馨小贴士**：安装完毕后，需进行淋水测试，保证密封性能完好。

（d）整理、清洁工位。

学习任务 13

车身装饰件的拆装与更换

工作情境描述 →

　　职校小张同学实习期满，售后主管安排人员对其进行最终考核，要求在一辆轿车上，以正确的拆装工艺对轿车的风窗立柱内饰板、车顶拉手、遮阳板、车顶篷、中立柱内饰板等车身内装饰件以及对窗台外装饰条、镀铬装饰条等外装饰件进行拆装。

学习目标 →

　　完成本学习任务后，你应当能：

（1）正确描述车身装饰件的固定方法；

（2）正确识别车身上常见的内、外装饰件；

（3）规范拆装与更换车身装饰件。

一、知识准备 》》

（一）车身装饰件概述

　　车身装饰件是指在车身内外主要起装饰作用的零部件。轿车车身装饰件的种类较多，就车身外装饰件就多达几十种，如风窗玻璃饰条、侧装饰条、门槛装饰条等。在进行汽车车身维修前，必须充分了解所维修的各类型装饰件的结构特点以及车身的安装方式，才能进行合理的车身装饰件拆装与更换。

（二）车身装饰件的固定方法

1. 车身外饰件的固定方法

外饰件的固定方法有大头螺栓与尼龙夹配合固定、螺栓与夹子配合固定及双面胶带固定等。

（1）大头螺栓与尼龙夹固定。常用在一些外侧板件的装饰件上，如图13-1（a）所示。首先，把夹子安装到外板件上，然后把装饰件放在正确的安装位置上，用尼龙夹的上唇夹住装饰件，再用手掌轻轻向下撞击装饰条，使装饰条滑入尼龙夹中。最后，把螺栓的头端对正尼龙夹上的槽进行紧固。如果螺栓损坏，则可以用铆钉进行替换紧固。

（2）螺栓与夹子总成固定。螺栓与夹子固定装饰条的方法如图13-1（b）所示。首先，用夹子固定住装饰条，然后把螺栓塞入外板件上预钻好的孔中。在板件的另一面拧紧螺母，这样就可以把装饰件固定在外板件上了。采用这种办法时，对外部板件钻孔应比较方便，并且有足够的操作空间。

（3）双面胶带固定。双面胶带固定是目前比较流行的一种外装饰件固定方式，多数用来固定装饰条和标牌，如图13-1（c）所示。

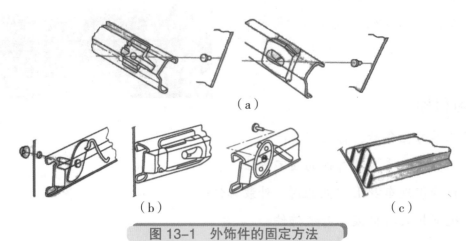

（a）

（b）　　　　　　　　　　（c）

图13-1　外饰件的固定方法

（a）大头螺栓与尼龙夹固定；（b）螺栓与夹子固定；（c）双面胶带固定

2. 车身内饰件的固定方法

车身内饰件的固定方法比较多，固定件通常安装在内饰板边缘处预冲的孔或槽内。车身内饰板常用塑料卡扣固定，如图13-2（a）所示。管路和线路则采用不同形状的橡胶圈、管夹与线夹固定，如图13-2（b）、图13-2（c）所示。

（a）

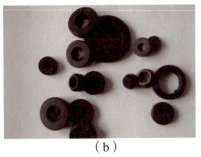
（b）

（c）

图 13-2　内饰件的固定方法

（a）塑料卡扣；（b）橡胶圈；（c）管夹

二、任务实施

汽车装饰件的拆装与更换。

（一）项目说明

指导教师先示范操作，每一个步骤的要求及安全注意事项必须强调说明；小组学员在指导教师的带领下，能够准确识别车身上常见的各类装饰件并掌握车身内外装饰件的规范拆装与更换方法。

（二）技术要求与标准

（1）两名学员配合能在 90 min 内完成此项目。

（2）技术标准。

装饰件的拆装无污损、无破损、无变形。

（三）工具、设备和材料

（1）雪佛兰新科鲁兹轿车（或其他车型车辆）。

（2）拆装工具及专用工具。

（3）座椅套、转向盘套、变速杆手柄套、驻车制动器操纵杆套、脚垫、前翼子板防护垫、前保险杠防护垫。

（4）手套、清洁抹布等辅料。

（5）雪佛兰新科鲁兹轿车（或其他车型车辆）维修手册。

（四）作业准备

（1）工具准备，如图 13-3 所示。

（2）安全防护准备。

①穿戴好防护用品。

图 13-3　使用工具

②车辆进入修理工位前，将工位清理干净，准备好相关的工具和材料（见图3-3、图3-4）。

③将车辆停驻在举升机中央位置（见图3-5）。

④将变速杆置于空挡或驻车挡（P挡）位置；拉起驻车制动器操纵杆（见图3-6、图3-7）。

⑤安装座椅套、转向盘套、变速杆手柄套、驻车制动器操纵杆套，铺设脚垫（见图3-8~图3-12）。

（五）实施与总结

（1）根据教学实际，按工位多少进行有效分组，建议同一类型或相关实训课题同时开展，使工位和设备利用最大化。

（2）操作步骤如下所示。

①拆装前风窗立柱内饰板。

（a）打开前车门，脱开前车门框密封条，如图13-4所示。

（b）使用塑料卡扣拆卸器，从侧面小心撬下前风窗立柱固定卡夹，如图13-5所示。

（c）拆下传感器插头，取下前风窗立柱内饰板，如图13-6所示。

图13-4 脱开前车门框密封条

图13-5 撬开前风窗立柱固定卡夹

图13-6 取下前风窗立柱内饰板

（d）按照拆卸相反的顺序安装好前风窗立柱内饰板。

②拆装中立柱内饰板。

（a）脱开前、后车门框密封条。

（b）拆卸门槛板内板装饰板，如图13-7所示。

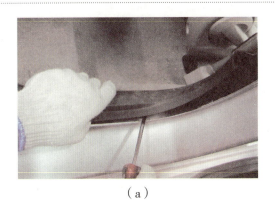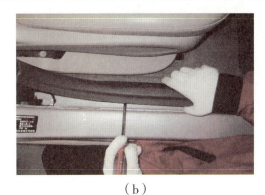

（a）　　　　　　　　　　　　（b）

图 13-7　拆卸门槛板内板装饰板

（c）撬开中立柱下内饰板固定卡夹，如图 13-8 所示。

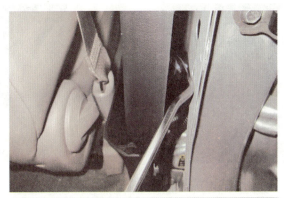

图 13-8　撬开中立柱下内饰板固定卡夹

（d）脱开中立柱上内饰板与下内饰板，取下中立柱内饰板，如图 13-9 所示。

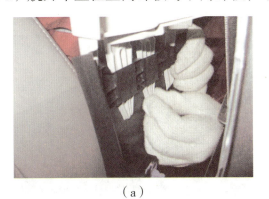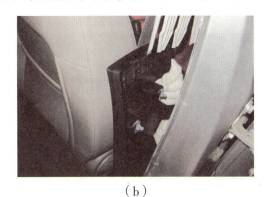

（a）　　　　　　　　　　　　（b）

图 13-9　取下中立柱内饰板

（e）按照拆卸相反的顺序安装好中立柱内饰板。

③拆装后风窗立柱内饰板。

（a）使用小规格一字螺丝刀及套筒棘轮扳手拆下后风窗立柱内饰板上部的固定螺栓，如图 13-10 所示。

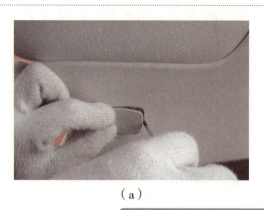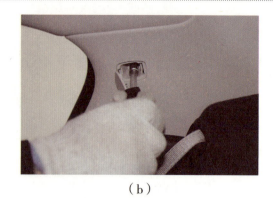

（a） （b）

图 13-10　拆卸后风窗立柱内饰板上部固定螺栓

（b）使用塑料卡扣拆卸器撬开后座椅处装饰板固定卡夹，如图 13-11 所示。

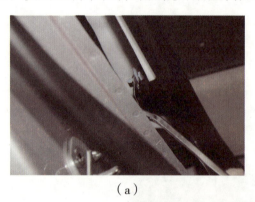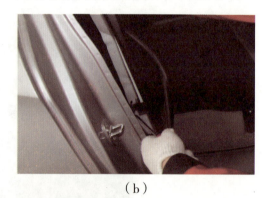

（a） （b）

图 13-11　撬开后座椅处装饰板固定卡夹

（c）使用套筒棘轮扳手拆下后风窗立柱内饰板下部固定螺栓，取下内饰板，如图 13-12 所示。

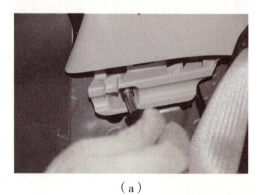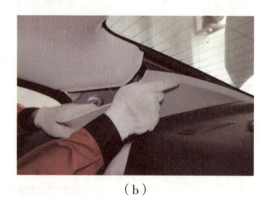

（a） （b）

图 13-12　取下后风窗立柱内饰板

（d）按照拆卸相反的顺序安装好后风窗立柱内饰板。

④拆装车顶篷。

（a）断开蓄电池负极电缆。

（b）脱开四个车门框密封条。

（c）拆卸阅读灯控制面板。

• 拆卸前阅读灯控制面板，如图 13-13 所示。

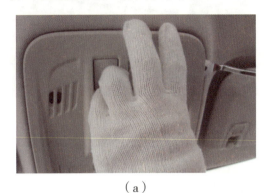
（a）

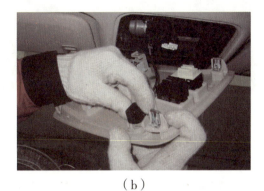
（b）

图 13-13　拆卸前阅读灯控制面板

• 拆卸后阅读灯控制面板，如图 13-14 所示。

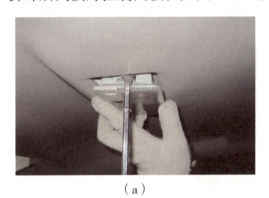
（a）

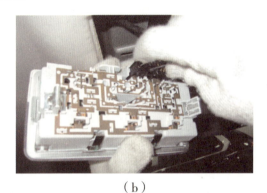
（b）

图 13-14　拆卸后阅读灯控制面板

（d）拆卸遮阳板（两侧遮阳板拆卸方法相同）。

• 翻下遮阳板，使用小规格一字螺丝刀小心撬开卡座（右）螺栓装饰板，拆下卡座固定螺栓并取下卡座（右），如图 13-15 所示。

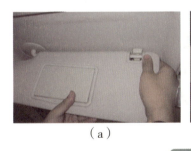
（a）

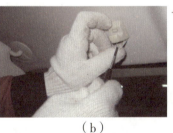
（b）

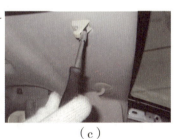
（c）

图 13-15　拆下遮阳板卡座（右）

• 使用小规格一字螺丝刀小心撬开卡座（左）螺栓装饰板，拆下卡座固定螺栓并取下遮阳板，如图 13-16 所示。

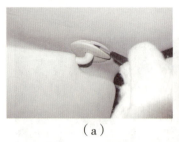
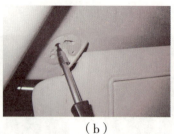
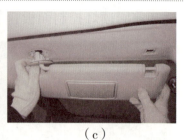

（a） （b） （c）

图 13-16　取下遮阳板

（e）拆卸车顶拉手。

•拆下车顶左后、右前、右后车顶拉手（拆卸方法相同），如图 13-17 所示。

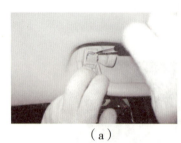
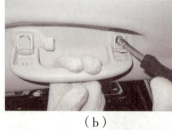
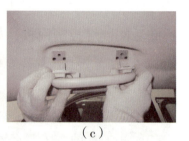

（a） （b） （c）

图 13-17　拆卸车顶拉手

•拆下车顶左前车顶眼镜盒，如图 13-18 所示。

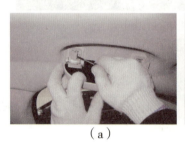
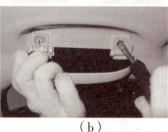
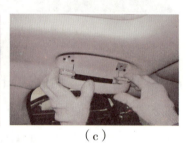

（a） （b） （c）

图 13-18　拆卸左前车顶眼镜盒

（f）拆卸前风窗立柱内饰板、中立柱内饰板及后风窗立柱内饰板。

（g）两人配合，小心脱开车顶篷并取出，如图 3-19 所示。

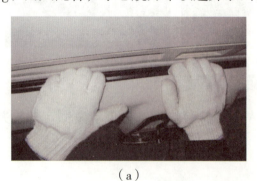
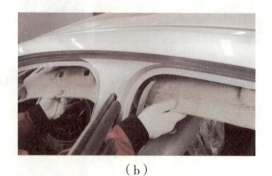

（a） （b）

图 13-19　两人配合取下车顶篷

（h）按照拆卸相反的顺序安装即可，注意卡槽的位置必须准确到位。

⑤拆装窗台外装饰条（前车门）。

（a）拆卸车门内饰板及其附属件。

（b）拆卸外后视镜总成。

（c）使用塑料卡扣拆卸器小心撬开窗台外装饰条并取下，如图 13-20 所示。

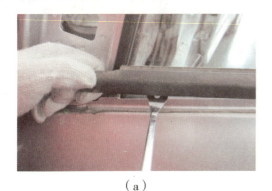 

（a）　　　　　　　　　　　　　（b）

图 13-20　拆卸窗台外装饰条

（d）按照拆卸相反的顺序安装即可，注意卡槽的位置必须准确到位。

⑥拆装镀铬装饰条（后尾灯处）。

（a）断开蓄电池负极电缆。

（b）拆下后尾灯总成。

（c）使用螺丝刀拆下镀铬装饰条两个固定螺栓，取下装饰条，如图 13-21 所示。

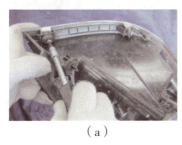  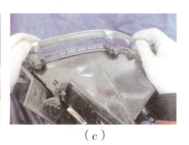

（a）　　　　　　　　（b）　　　　　　　　（c）

图 13-21　拆卸镀铬装饰条

（d）按照拆卸相反的顺序安装即可，注意卡槽的位置必须准确到位。

（e）整理、清洁工位。

学习任务 14

汽车风窗玻璃的拆装与更换

工作情境描述 →

　　一辆轿车快速行驶时，不慎被前方货车掉落的物品击中前风窗玻璃导致其破裂，严重影响了驾驶视野。你作为车身维修技术人员，需对前风窗玻璃进行拆卸并更换。

学习目标 →

完成本学习任务后，你应当能：

（1）了解汽车风窗玻璃的作用；

（2）熟知汽车风窗玻璃的安装方式；

（3）规范拆装汽车风窗玻璃。

一、知识准备 >>

（一）汽车风窗玻璃的作用

　　汽车风窗玻璃主要是指前后风窗玻璃，它能保证驾驶员有良好的能见度、视野开阔，在遇到碰撞、飞石等情况下玻璃破裂而不致伤人，能挡风、遮雨、密闭、采光，并起到了构成车身外形和装饰外观的作用，同时还兼顾其他功能，如图 14-1 所示。

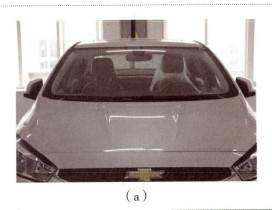

（a）　　　　　　　　　　　　　　　（b）

图 14-1　汽车风窗玻璃

（a）前风窗玻璃；（b）后风窗玻璃

（二）汽车风窗玻璃的分类及特点

汽车风窗玻璃通常采用利于改善视野而又美观的曲面玻璃，为了确保驾乘人员的安全，各国对车辆前后风窗玻璃的种类及品质都有严格的法律规定，且风窗玻璃必须采用安全玻璃。

现代汽车上应用的安全玻璃有夹层玻璃、钢化玻璃、区域钢化玻璃和特殊功能玻璃等类型。

1. 夹层玻璃

夹层玻璃内部有一种透明可黏合性的塑料膜，贴在二层或三层玻璃之间，它将塑料的强韧性和玻璃的坚硬性结合在一起，增加了玻璃的抗破碎能力。一旦玻璃受到撞击破损时，中间的塑料膜不会破碎，玻璃仍会附着在上面，不会像钢化玻璃那样顷刻变成许多小碎片。许多碰撞试验和实践都证明，夹层玻璃用于汽车的前风窗，可以十分有效地减轻汽车发生碰撞事故时，碎玻璃对人员的二次伤害。

2. 钢化玻璃

钢化玻璃是将普通玻璃淬火使其内部组织形成一定的内应力，从而使玻璃的强度得到加强。在受到冲击破碎时，玻璃会分裂成带钝边的小碎块，对乘员不易造成伤害。钢化玻璃不适合安装在前风窗上，而是多用在车门、侧窗、后风窗及天窗等部位。

3. 区域钢化玻璃

区域钢化玻璃是钢化玻璃的一个新品种，它经过特殊处理后，在受到冲击破碎时，其玻璃的裂纹仍可以保持一定的清晰度，保证驾驶人的视野区域不受到严重影响。

4. 特殊功能的玻璃

（1）单面透视玻璃。它是在普通玻璃上涂抹一层铬、铝或铱的薄膜制成的。它可以将光线大部分反射回去，使汽车从内向外可视性好，车外却无法透视车内。

（2）控制风窗玻璃。这种玻璃具有雨点传感作用，其传感器可测出雨点，然后自动打开风窗玻璃上的刮水器，并根据雨量的大小变化，随时改变刮水器速度。

（3）控制阳光玻璃。这种玻璃能挡住多达84%的太阳能，可以在汽车所有车窗关闭和阳光直接暴晒情况下，使车内保持凉爽。

（4）导电玻璃。它是在普通玻璃表面涂上一层氧化钛、氧化锂之类的薄膜而制成。这种玻璃通过微量的电流，会发生热量，使附在车窗上的冰霜立即融化，以保证车内驾乘人员的视线良好。

（5）显示器系统玻璃。这种汽车玻璃还可以作为显示器系统，未来汽车路线指南、方位图等都可以从仪表板后面投射到汽车前风窗玻璃上，这样驾驶员不用看仪表，只需正视前方，就可以看到玻璃上显示的各种需要的信息，既方便又安全。

（三）汽车风窗玻璃的安装方法

汽车前风窗玻璃和后风窗玻璃的固定方法相同，根据固定风窗玻璃时使用的材料不同，风窗玻璃常用的固定方法有以下两种：

1. 橡胶密封条镶嵌法

主要是靠橡胶密封条将风窗玻璃镶嵌在风窗窗框的止口上，如图14-2所示。

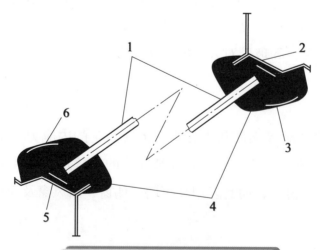

图14-2 橡胶密封条镶嵌玻璃

1—风窗玻璃；2—风窗窗框止口；3—装饰条；4—橡胶密封条；5—风窗窗框止口；6—装饰条

2. 黏合剂固定法

黏合剂固定法就是利用黏合剂来固定玻璃，如图14-3所示。

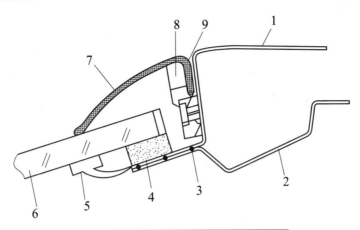

图 14-3　黏合剂固定玻璃

1—车顶板；2—风窗玻璃顶板；3—点焊裙边；4—黏合剂；5—隔垫；6—风窗玻璃；
7—装饰条；8—卡夹；9—密封剂

二、任务实施

汽车风窗玻璃的拆装与更换。

（一）项目说明

指导教师和辅助教师配合进行示范操作，每一个步骤的要求及安全注意事项必须强调说明；小组学员在任务书的引导下，能够准确描述汽车风窗玻璃的分类及特点并掌握汽车风窗玻璃的规范拆装与更换方法。

（二）技术要求与标准

（1）每组学员能在 20 min 内完成此项目任务书的填写。

（2）技术标准。

汽车风窗玻璃拆卸无破损，安装无偏斜、不漏水、粘接牢靠。

（三）工具、设备和材料

（1）雪佛兰新科鲁兹轿车（或其他车型车辆）。

（2）拆装工具及专用工具。

（3）座椅套、转向盘套、变速杆手柄套、驻车制动器操纵杆套、脚垫、前翼子板防护垫、前保险杠防护垫。

（4）手套、清洁抹布等辅料。

（5）雪佛兰新科鲁兹轿车（或其他车型车辆）维修手册。

（四）作业准备

（1）工具、材料准备，如图 14-4~ 图 14-9 所示。

图14-4　拆装工具及防护用品

1—两用扳手；2—小规格一字螺丝刀；
3—塑料卡扣拆卸器；4—刮臂拆卸器；
5—螺丝刀；6—防护眼镜

图14-5　切除玻璃黏合剂专用工具

1—拉钢丝手柄；2—切割钢丝；
3—牵引针；4—铲刀；
5—黏合剂切割器

图14-6　玻璃吸盘

图14-7　黏合剂胶枪

1—手动黏合剂胶枪；2—气动黏合剂胶枪

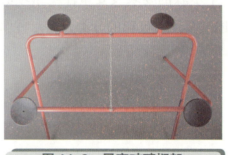

图14-8　风窗玻璃搁架

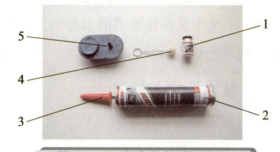

图14-9　玻璃黏合剂修理包

1—底胶；2—玻璃黏合剂；3—胶嘴；
4—羊毛刷；5—开封器

（2）安全防护准备。

①穿戴防护用品。

②车辆进入修理工位前，将工位清理干净，准备好相关的工具和材料（见图3-3、图3-4）。

③将车辆停驻在举升机中央位置（见图3-5）。

④将变速杆置于空挡或驻车挡（P挡）位置；拉起驻车制动器操纵杆（见图3-6、图3-7）。

⑤安装座椅套、转向盘套、变速杆手柄套、驻车制动器操纵杆套，铺设脚垫（见图 3-8~ 图 3-12）。

⑥开启发动机舱盖，拨开安全锁；取下发动机舱盖支撑杆，将发动机舱盖可靠支撑（见图 3-13~ 图 3-16）。

⑦安装左、右前翼子板防护垫（见图 3-17、图 3-18）。

⑧安装前格栅防护垫（见图 6-6）。

（五）实施与总结

（1）根据教学实际，此项目任务由指导教师和辅助教师配合完成示范操作，小组学员在指定区域认真观摩和记录。

（2）操作步骤如下所示。

①拆装前风窗玻璃。

a.拆卸前风窗玻璃。

（a）拆卸前刮水臂总成及前围盖板。

• 撬开刮水臂固定螺母装饰罩，使用两用扳手拆下刮水臂固定螺母共 2 个（左右各 1 个），如图 14-10 所示。

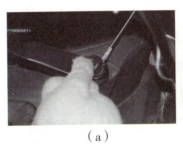
（a）
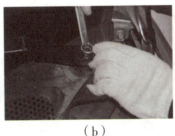
（b）
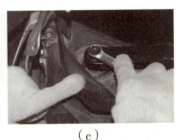
（c）

图 14-10　拆下刮水臂固定螺母

• 使用刮水臂拆卸器拆下两侧刮水臂总成，如图 14-11 所示。

（a）
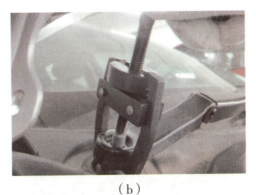
（b）

图 14-11　拆下两侧刮水臂总成

• 使用小规格一字螺丝刀小心撬开前翼子板处装饰板（左右两侧），如图 14-12 所示。

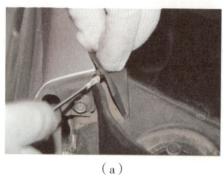 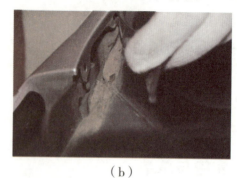

（a） （b）

图 14-12　拆下前翼子板处装饰板

• 用手脱开前围盖板固定卡夹，两人配合拆下前围盖板，如图 14-13 所示。

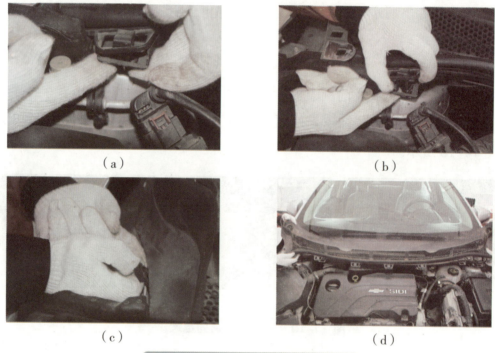

（a） （b）

（c） （d）

图 14-13　拆下前围盖板

（b）使用小规格一字螺丝刀撬开刮水器防护板固定卡夹并取下防护板，如图 14-14 所示。

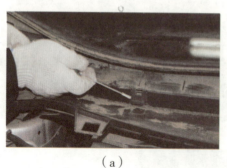 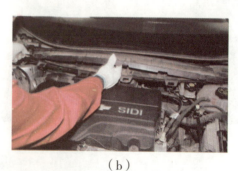

（a） （b）

图 14-14　拆卸刮水器防护板

（c）拆卸车内后视镜，如图 14-15 所示。

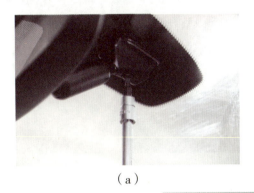 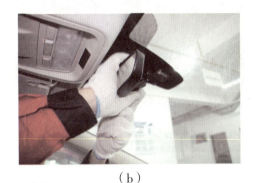

（a）　　　　　　　　　　　　　　　　　（b）

图 14-15　拆卸车内后视镜

（d）脱开前车门框密封条，拆下前风窗立柱两侧内饰板。

（e）将防护垫放置仪表台处，使用牵引针从玻璃黏合剂中插入，如图 14-16 所示。

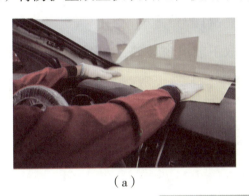 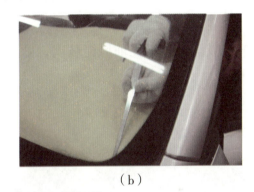

（a）　　　　　　　　　　　　　　　　　（b）

图 14-16　使用牵引针刺穿黏合剂

😊温馨小贴士：为了在切割玻璃黏合剂时不损伤仪表台，需在仪表台处放置防护垫；为了不损伤漆面，在切割玻璃黏合剂时还要对风窗玻璃四周做好防护工作。

（f）引入钢丝穿过前风窗玻璃，连上手柄并固定牢靠，两人来回拉动钢丝切断玻璃黏合剂，如图 14-17 所示。

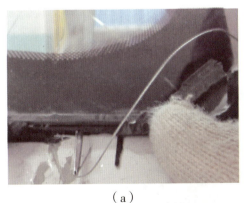 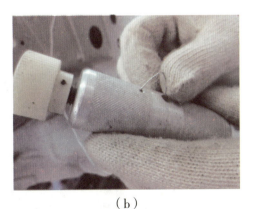

（a）　　　　　　　　　　　　　　　　　（b）

图 14-17　两人来回拉动钢丝切割黏合剂

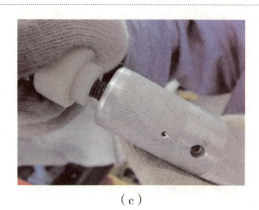

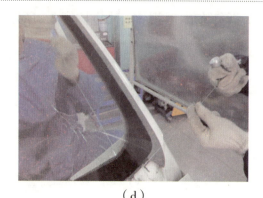

（c）　　　　　　　　　　　　　　　　（d）

图 14-17　两人来回拉动钢丝切割黏合剂（续）

😊 温馨小贴士：除用拉动钢丝切割黏合剂方法外，也可用黏合剂切割器切割，其方法是一只手握住黏合剂切割器把柄，将刀片插入车身与玻璃之间的黏合剂空隙处，沿着玻璃整个周围轮廓，另一只手按照用力方向拉手柄进行切割。

（g）将吸盘牢牢吸住前风窗玻璃，两人合力取下前风窗玻璃，如图 14-18 所示。

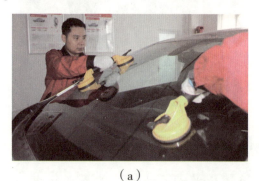

（a）　　　　　　　　　　　　　　　　（b）

图 14-18　取下前风窗玻璃

😊 温馨小贴士：汽车风窗玻璃是一种易碎物品，新玻璃安装前要有专用玻璃搁架放置，切勿与其他金属物发生硬顶，防止发生玻璃损伤。

b. 安装前风窗玻璃。

（a）清除车身上残留的黏合剂，如图 14-19 所示。

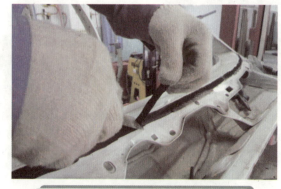

图 14-19　清除残留的黏合剂

（b）将新的前风窗玻璃按原样放置在车身上并粘贴定位标记纸胶带，如图 14-20 所示。

（a）

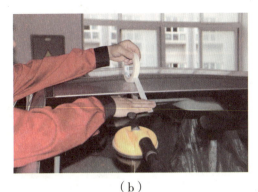
（b）

图 14-20　在车身上粘贴定位标记纸胶带

（c）从前风窗玻璃上边缘处切断纸胶带，两人配合取下前风窗玻璃放回搁架上，如图 14-21 所示。

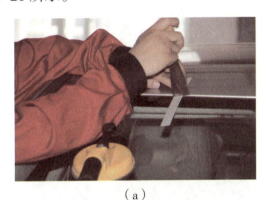
（a）

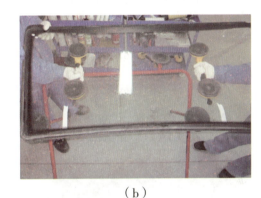
（b）

图 14-21　取下前风窗玻璃放回搁架上

（d）使用专用清洁剂擦洗前风窗玻璃框及新风窗玻璃，如图 14-22 所示。

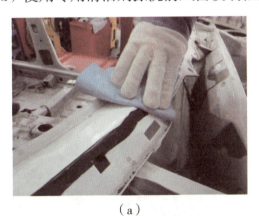
（a）

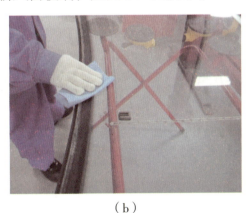
（b）

图 14-22　清洁前风窗玻璃框及玻璃

😊温馨小贴士：清洁黏合面不要使用酒精和油性清洁剂进行清洁，要采用无氨的无污染玻璃清洁剂或厂家指定的专用清洁剂进行清洁。

（e）用羊毛刷蘸少量底胶均匀涂刷在新风窗玻璃的四周边缘，如图14-23所示。

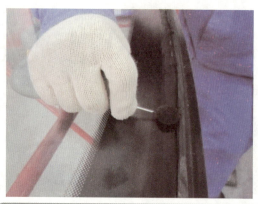

图14-23　在新风窗玻璃边缘均匀涂刷底胶

😊**温馨小贴士**：在车身和风窗玻璃上涂上底胶后，需要干燥15 min，才能涂抹黏合剂。如果风窗玻璃内装有天线，则应在距天线大约200 mm的位置贴上一块丁基胶带。绝不要在引线附近直接使用底漆和玻璃黏合剂，以保证收音机信号不受干扰。

（f）修剪胶嘴，垂直涂抹玻璃黏合剂，如图14-24所示。

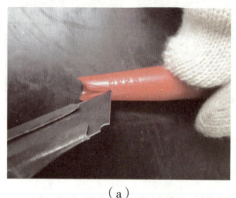 

（a）　　　　　　　　　　　　　　　　　（b）

图14-24　垂直涂抹玻璃黏合剂

😊**温馨小贴士**：玻璃黏合剂的抗拉强度和剪切强度对牢牢地固定风窗玻璃是非常重要的，当黏合剂使用后固化层将保持橡胶弹性，并在-50℃~100℃的温度范围内不会变得过度的硬和黏，因此必须使用厂家推荐的玻璃黏合剂。

（g）两人相互配合，按之前的定位标记安装前风窗玻璃，如图14-25所示。

图14-25　安装前风窗玻璃

☺ **温馨小贴士**：风窗玻璃安装到车身上后，其内部的黏合剂与车身黏结，黏合剂受气候温度、湿度的影响，一般按厂家推荐的时间需要6~8 h才能彻底地在室温下硬化。因此在玻璃稳定在车身上后，可用品质较好的宽而透明的胶带将风窗玻璃粘牢，防止玻璃下滑改变位置，待黏合剂固化后去掉胶带。

（h）待玻璃黏合剂完全固化后进行喷水检查，如图14-26所示。如发现泄漏，可在泄漏处进行清洁干燥后重新涂抹黏合剂。

图 14-26　前风窗玻璃泄漏检查

☺ **温馨小贴士**：两人配合，一人在车外用喷壶沿风窗玻璃四周喷水，另一人在车内观察，仔细查找是否存在漏水情况。

（i）确认无误后，依次安装好车内后视镜、前风窗玻璃立柱内饰板、前车门框密封条、前刮水臂总成等附属件。

⚠ **注意**：安装螺母时必须按照维修手册标注的拧紧力矩拧紧！

（j）整理清洁工位。

②拆装后风窗玻璃。

a.拆卸后风窗玻璃。

（a）脱开左右后车门框密封条，如图14-27所示。

图 14-27　脱开后车门框密封条

（b）使用小规格一字螺丝刀及套筒棘轮扳手拆下后风窗立柱内饰板上部固定螺栓共2个（一侧为1个），如图14-28所示。

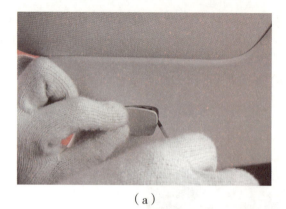
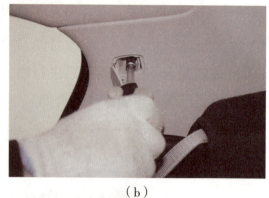

（a）　　　　　　　　　　　　　（b）

图14-28　拆下后风窗立柱内饰板上部固定螺栓

（c）使用塑料卡扣拆卸器撬开后座椅处装饰板固定卡夹，如图14-29所示。

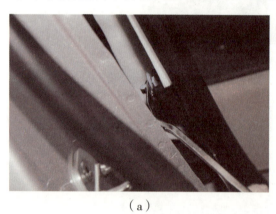
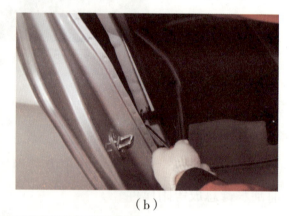

（a）　　　　　　　　　　　　　（b）

图14-29　撬开后座椅处装饰板固定卡夹

（d）使用套筒棘轮扳手拆下后风窗立柱内饰板下部固定螺栓共2个（一侧为1个），取下内饰板，如图14-30所示。

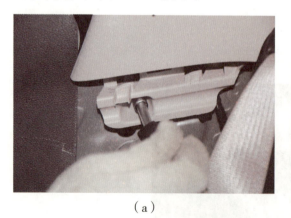
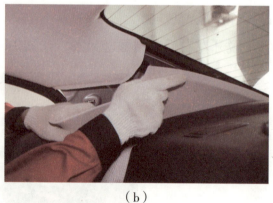

（a）　　　　　　　　　　　　　（b）

图14-30　取下后风窗立柱内饰板

（e）拔下两侧加热电阻丝插头，如图 14-31 所示。

图 14-31　拔下加热电阻丝插头

（f）将防护纸垫放置后隔板处，使用牵引针从玻璃黏合剂中插入，如图 14-32 所示。

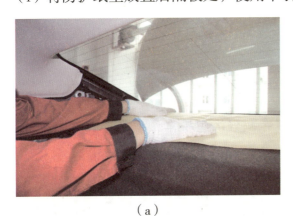

（a）

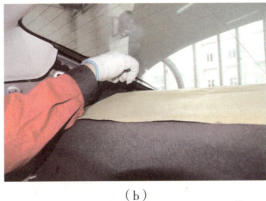

（b）

图 14-32　牵引针刺穿黏合剂

余下拆卸步骤同前风窗玻璃类似，这里不再赘述。

b. 安装后风窗玻璃。

后风窗玻璃的安装方法与前风窗玻璃基本相同，要注意的是安装前要将行李舱盖翻开一定角度，以便后风窗玻璃下部好放入。

学习任务 15
汽车座椅及安全带的拆装与更换

工作情境描述 →

　　尹先生 3 年前在某汽车品牌 4S 店购买了一辆经济型轿车，该车型配备的是纺织布料座椅，李先生在与家人商议后，来到 4S 店打算更换成真皮座椅，顺便检查一下安全带。你作为车身维修技术人员，需对原座椅进行拆卸并更换新座椅，同时对安全带进行拆卸检查。

学习目标 →

　　完成本学习任务后，你应当能：

（1）叙述汽车座椅的功用及分类；

（2）识别汽车座椅的主要零部件；

（3）规范拆装汽车前、后座椅及安全带。

一、知识准备 》》

（一）汽车座椅的功用

　　汽车座椅作为汽车重要的内部附属设备，它包括以下功用：

（1）支撑驾乘人员质量。

（2）缓和、衰减由车身传来的冲击和振动。

（3）保证驾乘人员乘坐舒适性，减轻乘员疲劳并提供良好的工作条件。

（4）保护驾乘人员避免和减少伤亡等。

（二）汽车座椅的分类

汽车座椅的种类很多，按座椅的结构与车型用途可分为轿车座椅和客车座椅；按安装位置的不同可分为前排座椅和后排座椅；按座椅表层的材料分类，主要有纺织布料座椅、人造革座椅和真皮座椅；按座椅调节方式可分为手动调节和电动调节；按座椅的使用功能来分类，可分为驾驶员座椅、乘客座椅、儿童座椅三种。

1. 驾驶员座椅

驾驶员座椅安装在驾驶员的座位处。由于驾驶员在开车时必须集中精力，始终注视前方，灵活机动地处理各种交通路况，为了有利于驾驶员的安全驾驶，对座椅的舒适性、方位（高低、前后）的可调整性要求较高。所以，驾驶员座椅总成的结构复杂，性能可靠，调整灵活。

2. 乘员座椅

乘员座椅要求乘坐舒适，这与驾驶员座椅要求一样。但对调整方面无过多要求，一般乘员座椅，只在一些豪华客车上才有角度调整机构，即俯仰角度可在一定范围内调整，以期达到提高乘员舒适性的目的。

3. 儿童座椅

儿童安全座椅是根据体形设计制作的一种专用座椅，汽车安装这种座椅，不仅可使车祸对儿童的伤害降到最低程度，而且为儿童舒适地乘坐和家长精心地照顾提供了便利。

（三）汽车座椅的结构组成

汽车座椅一般由座椅骨架、调整机构、弹性元件、坐垫、靠背、头枕及表面包覆的蒙皮等组成。

（1）座椅骨架：支撑机构。

（2）调整机构：调整座椅高低、前后，靠背角度，头枕的高低、前后等适应不同人体的要求。

（3）弹性元件：提高缓冲性能，支撑坐垫与靠背。

（4）坐垫、靠背：形成座椅的形状（密度不同），缓冲振动及载荷，提供舒适的乘坐条件。

（5）头枕：支撑头部，撞车时保护头部和颈部，以减轻伤害。

（6）表面蒙皮：包覆表面，体现造型效果，主要有绒布和真皮之分。

雪佛兰新科鲁兹轿车的座椅结构分别如图 15-1、图 15-2 和图 15-3 所示。

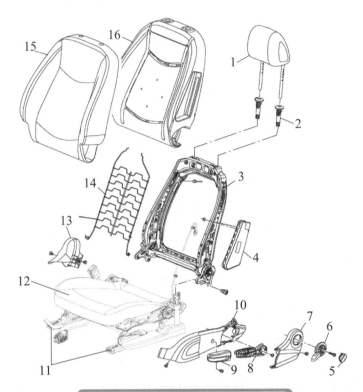

图 15-1　前排座椅结构图

1—前排座椅头枕；2—头枕导套；3—前排座椅靠背骨架；4—前排座椅外侧靠背安全气囊；
5—前排座椅倾角调节杆螺栓盖；6—前排座椅倾角调节器手柄；7—前排座椅调节器饰盖；
8—前排座椅垂直执行器杆；9—前排座椅垂直执行器把手；10—前排座椅外调节器前饰盖；
11—前排座椅滑轨；12—前排座椅坐垫；13—前排座椅内倾角调节器饰盖；
14—前排座椅靠背垫支撑；15—前排座椅靠背蒙皮；16—前排座椅靠背软垫

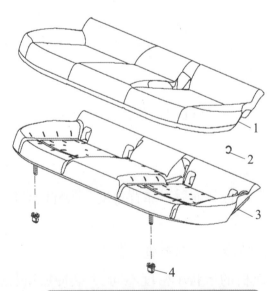

图 15-2　后排座椅坐垫结构

1—后排座椅坐垫蒙皮；2—后排座椅坐垫护套卡圈；3—后排座椅坐垫；4—后排座椅坐垫框架固定件

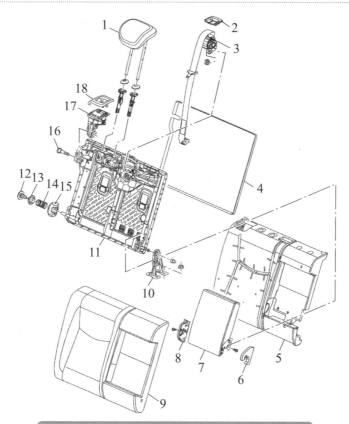

图 15-3 后排座椅（60% 座椅）靠背结构

1—后排座椅头枕；2—后排座椅安全带开口盖；3—后排中央座椅安全带卷收器；4—后排座椅靠背毛毡层；
5—后排座椅靠背垫；6—后排座椅扶手支架装饰盖；7—后排座椅扶手；8—后排座椅扶手托架；
9—后排座椅靠背蒙皮；10—后排座椅靠背铰链；11—后排座椅靠背骨架；12—后排座椅靠背外枢轴螺栓；
13—后排座椅靠背外枢轴螺栓衬套；14—后排座椅靠背外枢轴螺栓弹簧；15—后排座椅外铰链饰盖；
16—后排座椅靠背锁闩螺栓；17—后排座椅靠背锁闩；18—后排座椅靠背垫锁闩释放旋钮嵌框

（四）汽车安全带的作用及特点

汽车安全带是车辆发生事故时保护车内驾乘人员最有效的设备之一。它能在汽车发生碰撞或紧急制动时，约束驾乘人员尽可能保持原有的位置不移动，避免与车内坚硬部件发生碰撞而造成伤害。

汽车安全带一般由织带、织带长度调节器、带扣锁、卷收器、织带方向转换装置以及安装部件等组成。

预紧式安全带的特点是当汽车发生碰撞事故的一瞬间，驾乘人员尚未向前移动时，卷收器会自动将安全带往回拉一段距离，以消除安全带与身体之间的间隙，减小驾乘人员的位移，然后锁止织带，防止驾乘人员身体前倾，有效保护驾乘人员的安全。

该系统由电子触发装置（与安全气囊共享）、安全带卷收器、能量储备装置等组成。电子控制单元（ECU）检测到汽车加速度的不正常变化后，经过 ECU 处理将信号发送至卷收器的控制装置，当超过给定的减速度界限值时，电子控制系统便发出点火指令，通过点燃触发器内的工作介质形成高压推动活塞在液流管内运动，管内的液流以较高的速度冲向涡轮的叶片，涡轮便带着安全带卷筒转动，使安全带能够进一步勒紧驾乘人员的身体。

二、任务实施

汽车座椅及安全带的拆装与更换。

（一）项目说明

指导教师和辅助教师先示范操作，每一个步骤的要求及安全注意事项必须强调说明；小组学员在指导教师的带领下，能够准确识别汽车前后座椅及安全带主要组成零部件并掌握前后座椅及安全带的规范拆装与更换方法。

（二）技术要求与标准

（1）两名学员配合能在 60 min 内完成此项目。

（2）技术标准。

驾驶员或乘客座椅总成紧固力矩为 45 N·m；后排座椅靠背软垫铰链紧固力矩为 43 N·m；前排座椅安全带卷收器紧固力矩为 45 N·m；后排座椅安全带卷收器紧固力矩为 45 N·m。

（三）工具、设备和材料

（1）雪佛兰新科鲁兹轿车（或其他车型车辆）。

（2）拆装工具及专用工具。

（3）座椅套、转向盘套、变速杆手柄套、驻车制动器操纵杆套、脚垫、前翼子板防护垫、前保险杠防护垫。

（4）手套、清洁抹布等辅料。

（5）雪佛兰新科鲁兹轿车（或其他车型车辆）维修手册。

（四）作业准备

（1）工具准备，如图 15-4 所示。

（2）安全防护准备。

①穿戴好防护用品。

②车辆进入修理工位前，将工位清理干净，准备好相关的工具和材料（见图 3-3、图 3-4）。

图 15-4　使用工具

③将车辆停驻在举升机中央位置（见图 3-5）。

④将变速杆置于空挡或驻车挡（P 挡）位置；拉起驻车制动器操纵杆（见图 3-6、图 3-7）。

⑤安装座椅套、转向盘套、变速杆手柄套、驻车制动器操纵杆套，铺设脚垫（见图 3-8～图 3-12）。

（五）实施与总结

（1）根据教学实际，按工位多少进行有效分组，建议同一类型或相关实训课题同时开展，使工位和设备利用最大化。

（2）操作步骤如下所示。

①拆装前排座椅（驾驶员侧）。

a.拆卸前排座椅（驾驶员侧）。

（a）断开蓄电池负极电缆。

（b）打开车门，两只手同时按压前排座椅头枕固定卡夹，另一个人帮忙向上拔出头枕，如图 15-5 所示。

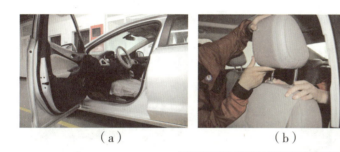

| （a） | （b） | （c） |

图 15-5　取下前排座椅头枕

（c）将前排座椅向后移动至极限位置，使用旋具套筒棘轮扳手拆下 2 个固定螺栓，如图 15-6 所示。

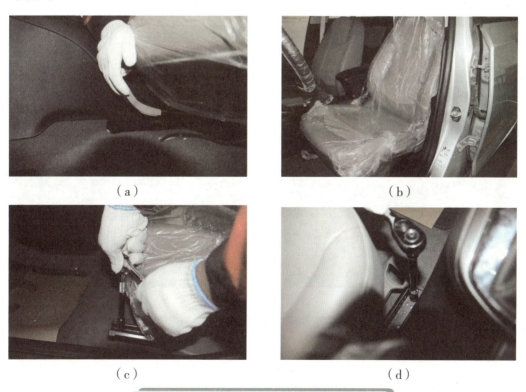

| （a） | （b） |
| （c） | （d） |

图 15-6　拆卸前排座椅前部固定螺栓

（d）将前排座椅向前移动至极限位置，用相同工具拆下后部2个固定螺栓，如图15-7所示。

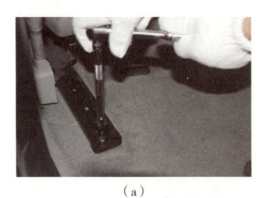
（a）

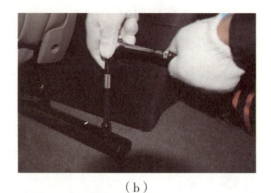
（b）

图15-7　拆卸前排座椅后部固定螺栓

（e）使用旋具套筒棘轮扳手拆下前排座椅左护板固定螺栓1个，如图15-8所示。

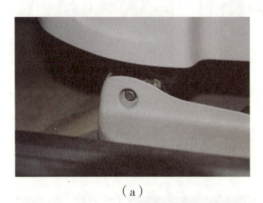
（a）

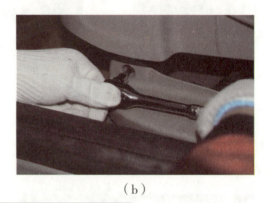
（b）

图15-8　拆卸前排座椅左护板固定螺栓

（f）脱开左护板，用塑料卡扣拆卸器撬下线束固定卡夹，取下前排座椅左护板，如图15-9所示。

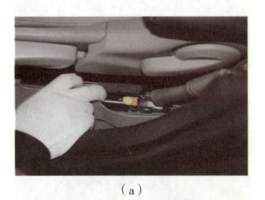
（a）

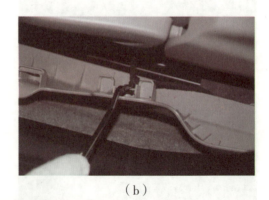
（b）

图15-9　取下前排座椅左护板

（g）使用小规格一字螺丝刀拆下预张紧安全带固定件线束插头，如图15-10所示。

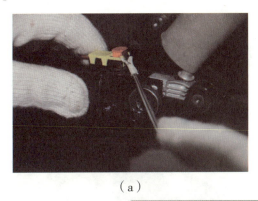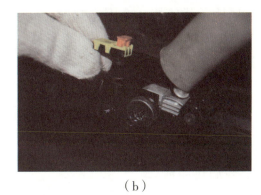

（a）　　　　　　　　　　　　　　　　　　（b）

图15-10　拆卸预张紧安全带固定件线束插头

（h）使用旋具套筒棘轮扳手拆下预张紧安全带固定件螺栓1个并取下，如图15-11所示。

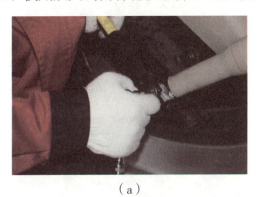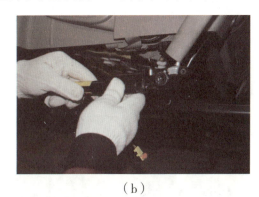

（a）　　　　　　　　　　　　　　　　　　（b）

图15-11　取下预张紧安全带固定件

（i）拔下前排座椅线束插接器，两人相互配合取出前排座椅，如图15-12所示。

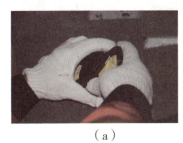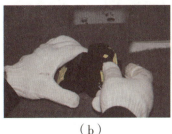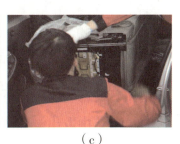

（a）　　　　　　　　（b）　　　　　　　　（c）

图15-12　取出前排座椅

b.安装前排座椅（驾驶员侧）。

（a）两人相互配合，将前排座椅放入车内。

（b）安装预张紧安全带固定件并紧固螺栓，接好线束插头。

（c）安装前排座椅线束插接器。

（d）连接蓄电池负极电缆，对安全气囊等电气设备进行初始化。

⚠ 注意：断开蓄电池电缆后重新连接时，某些系统需要初始化！

（e）安装前排座椅左护板。

（f）紧固前排座椅4个固定螺栓。

⚠ 注意：安装螺母或螺栓时必须按照维修手册标注的拧紧力矩拧紧！

（g）两人相互配合，安装好前排座椅头枕。

（h）检查前排座椅各功能是否正常并调整到位。

（i）整理、清洁工位。

②拆装后排座椅。

a.拆卸后排座椅。

（a）将前排座椅均向前移动至极限位置，如图15-13所示。

（b）两人相互配合，一只手按住后排座椅坐垫前端，另一只手向前翻转坐垫，如图15-14所示。

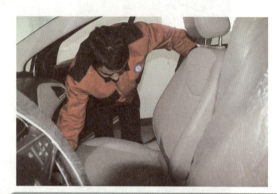

图15-13　向前移动前排座椅至极限位置

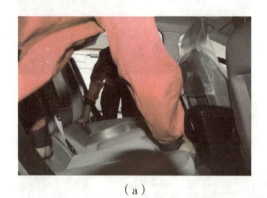
（a）

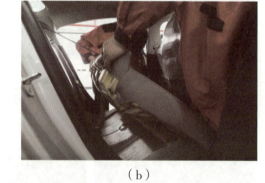
（b）

图15-14　翻转后排座椅坐垫

（c）使用套筒棘轮扳手拆下后排座椅中间安全带锁扣总成的固定螺母，将安全带固定件从后排座椅坐垫中取出，如图15-15所示。

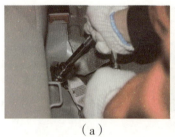
（a）

（b）

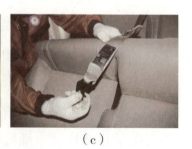
（c）

图15-15　取出后排座椅中间安全带固定件

（d）两人相互配合将后排坐垫前端卡销同时拔出，取出后排座椅坐垫，如图 15-16 所示。

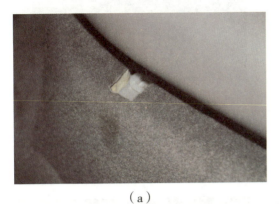
（a）

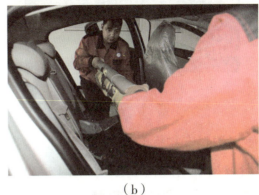
（b）

图 15-16　取出后排座椅坐垫

（e）拆卸后排座椅靠背垫。

• 打开行李舱盖，取出行李舱垫，如图 15-17 所示。

（a）

（b）

图 15-17　取出行李舱垫

• 分别将两侧后排座椅靠背垫放倒，如图 15-18 所示。

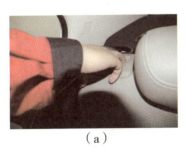
（a）

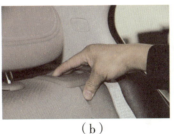
（b）

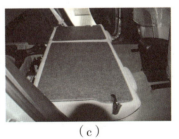
（c）

图 15-18　放倒后排座椅靠背垫

• 使用套筒棘轮扳手拆下后排座椅靠背铰链 4 个固定螺母，如图 15-19 所示。

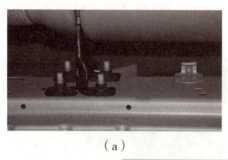 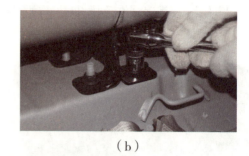

（a）　　　　　　　　　　　　　　　　（b）

图 15-19　拆卸后排座椅靠背铰链固定螺母

• 使用塑料卡扣拆卸器抵住后座椅靠背下部的固定销轴（两侧），同时向上拔出销轴，两人配合取出后座椅靠背垫，如图 15-20 所示。

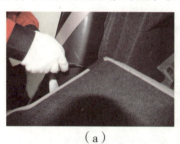 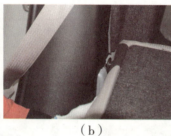 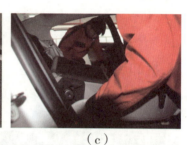

（a）　　　　　　　　　　（b）　　　　　　　　　　（c）

图 15-20　取出后排座椅靠背垫

b. 安装后排座椅。

（a）两人相互配合将后排座椅靠背垫按原样放好并紧固 4 个螺母。

⚠ 注意：安装螺母时必须按照维修手册标注的拧紧力矩拧紧！

（b）将安全带固定件从后排坐垫中穿出，按照原先位置固定牢靠。

（c）两人相互配合，先将后排座椅坐垫前端卡销卡紧，然后将后排座椅坐垫往下压实。

（d）检查后排座椅及安全带各功能是否正常。

（e）整理、清洁工位。

③拆卸安全带（驾驶员侧）。

（a）断开蓄电池负极电缆。

（b）安全规范地拆卸前排座椅。

（c）拆下前车门及后车门框密封条，如图 15-21 所示。

 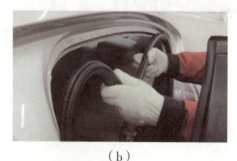

（a）　　　　　　　　　　　　　　　　（b）

图 15-21　拆卸前车门及后车门框密封条

（d）使用塑料卡扣拆卸器依次撬开门槛板内板装饰板、中立柱上内饰板及下内饰板并取下，如图 15-22 所示。

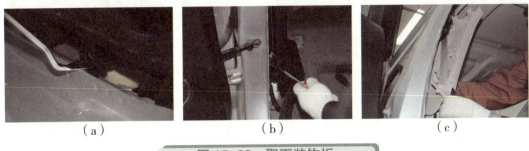

（a）　　　　　　　　　（b）　　　　　　　　　（c）

图 15-22　取下装饰板

（e）使用旋具套筒棘轮扳手拆下安全带卷收器固定螺栓并取出，如图 15-23 所示。

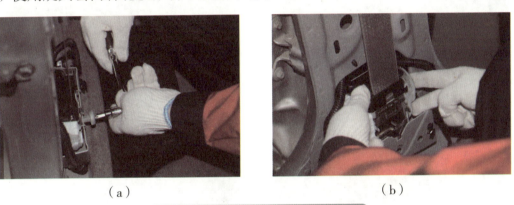

（a）　　　　　　　　　　　（b）

图 15-23　取出安全带卷收器

（f）使用小规格一字螺丝刀撬开安全带卷收器线束插头，如图 15-24 所示。

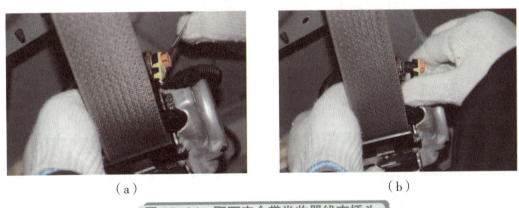

（a）　　　　　　　　　　　（b）

图 15-24　取下安全带卷收器线束插头

（g）分别使用旋具套筒棘轮扳手、螺丝刀等工具依次拆下安全带卷收器 D 形环螺栓及肩带导板固定螺栓，取出安全带总成，如图 15-25 所示。

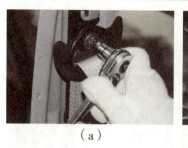
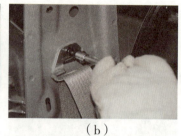
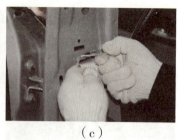

（a）　　　　　　　　　（b）　　　　　　　　　（c）

图 15-25　取出安全带总成

（h）使用小规格一字螺丝刀及套筒棘轮扳手等工具拆下安全带固定件支座，如图 15-26 所示。

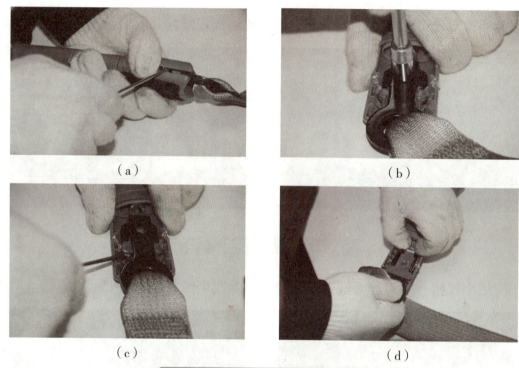

（a）　　　　　　　　　　　　　　（b）

（c）　　　　　　　　　　　　　　（d）

图 15-26　拆下安全带固定件支座

（i）将安全带固定件支座从装饰板中取出，如图 15-27 所示。

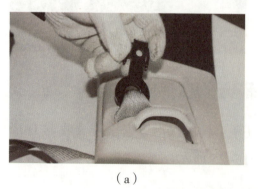
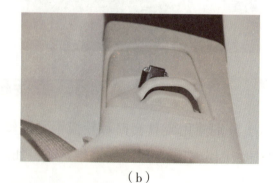

（a）　　　　　　　　　　　　　　（b）

图 15-27　取出安全带固定件支座

c.安装安全带（驾驶员侧）。

（a）将安全带固定件支座从装饰板中穿过，按原样安装好固定件支座。

（b）依次安装肩带导板及安全带卷收器D形环并紧固。

（c）接好安全带卷收器线束插头。

（d）使用旋具套筒棘轮扳手紧固安全带卷收器固定螺栓。

⚠注意：安装螺栓时必须按照维修手册标注的拧紧力矩拧紧！

（e）依次安装好中立柱上内饰板、下内饰板及门槛板内板装饰板。

（f）安装前车门及后车门框密封条。

（g）连接前排座椅线束插接器、蓄电池负极电缆，对安全气囊等电气设备进行初始化。

⚠注意：断开蓄电池电缆后重新连接时，某些系统需要初始化！

（h）紧固前排座椅螺栓。

⚠注意：安装螺栓时必须按照维修手册标注的拧紧力矩拧紧！

（i）测试安全带及前排座椅等功能是否正常并调整到位。

（j）整理、清洁工位。

学习任务 16
汽车仪表台的拆装与更换

▌ 工作情境描述 →

　　一场突如其来的暴雨使得某小区地下车库停放的轿车几乎被淹没，经汽车 4S 店检查车辆并无大碍，只需将车辆的仪表台、座椅、地板地毯等部件拆下清洗、晾干、安装即可。你作为车身维修技术人员，需要对该车辆仪表台、座椅、地板地毯等部件进行规范拆装。

▌ 学习目标 →

完成本学习任务后，你应当能：

（1）了解汽车仪表台的特点；

（2）识别汽车仪表台的主要零部件；

（3）规范拆装地板地毯及汽车仪表台。

一、知识准备 》》

（一）汽车仪表台概述

　　汽车仪表台（见图 16-1）是轿车内部最重要的构件之一，也是车厢内最引人注意的部分。一方面它具有在行车过程中，为驾驶人方便、安全地提供内部各种信息的功能；另一方面，仪表台的造型设计也体现了轿车的个性，可以将其作为衡量各不同生产厂家的工艺水平及艺术风格的标准之一。

图 16-1　汽车仪表台

（二）汽车仪表台的特点

仪表台安装在前围上盖板上，形成封闭结构，主要以钢板冲压件或树脂整体成型件为框架，将各部件组装到框架上之后，再用螺栓固定在车身上。

仪表台上部凸起，形成平台，贯穿全长，与车门内饰板相对应，可使驾驶人注意力集中。同时，在驾驶人对面，集中了全车的监察仪表，通过它们显示出发动机转速、油压、冷却液温度和燃油储量、灯光、发电机工作状态、车速和里程等，方便驾驶员随时掌握和控制汽车的运动状况。目前大多数仪表台还配备了安全气囊，以最大程度保障行车安全。

汽车仪表台的骨架材料主要有以下几种：钢板冲压件、树脂注塑件、纤维板。钢板冲压件骨架质量大、成本高、刚性差、焊接工作量大、装配质量低。相对而言，树脂注塑成型的仪表台骨架应用较为广泛。

一般轿车的仪表台采用聚氯乙烯（PVC）材料制成的人造革或者聚丙烯（PP）材料做蒙皮，厚度约为 2.5 mm。一些高级轿车的仪表台则用真皮做蒙皮，气派非凡。也有的轿车仪表台用桃芯木精雕细刻而成，高雅华贵，与众不同。

中间的发泡层主要具有隔声、隔热、减振的功能，在受到冲击时，可以吸收能量，防止骨架破碎后刺出，降低驾乘人员所受伤害的程度。同时，给人柔软、舒适的感觉。发泡层多为半硬聚氨酯（PUR）材料。发泡成型有两种，一种是整体发泡成型，另一种是局部发泡成型。局部发泡成型成本较低，质量好，方便造型。

（三）汽车仪表台的组成结构

汽车仪表台的零部件较多，主要有组合仪表、通风口、储物箱、烟灰盒和副仪表板等。雪佛兰新科鲁兹轿车的仪表台结构如图 16-2、图 16-3 所示。

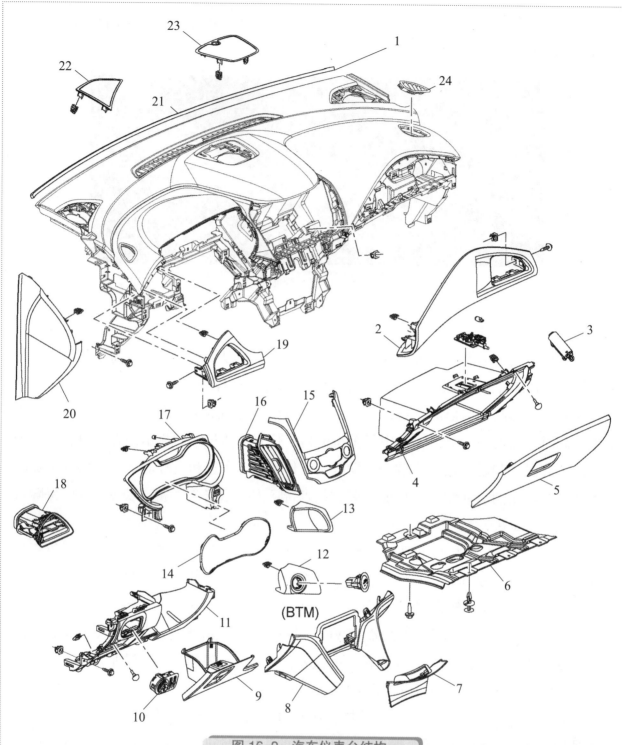

图 16-2　汽车仪表台结构

1—仪表台（带安全气囊）；2—仪表台装饰垫；3—仪表台储物箱门减震器；4—仪表台储物箱；
5—仪表台储物箱门；6—仪表台下饰板隔垫；7—仪表台熔断器盒检修孔盖；8—仪表台熔断器检修盖框架；
9—仪表台膝垫储物箱；10—前照灯开关；11—仪表台膝垫；12—点火和起动开关饰板；
13—仪表台中间装饰垫；14—仪表台组合仪表装饰件；15—仪表台装饰板；16—仪表台中间出风口；
17—组合仪表装饰板；18—仪表台外侧出风口；19—仪表台装饰垫；20—仪表台外装饰盖；
21—仪表台装饰垫密封件；22—收音机前扬声器格栅；23—收音机前中央扬声器格栅；
24—车窗除雾器出风口格栅

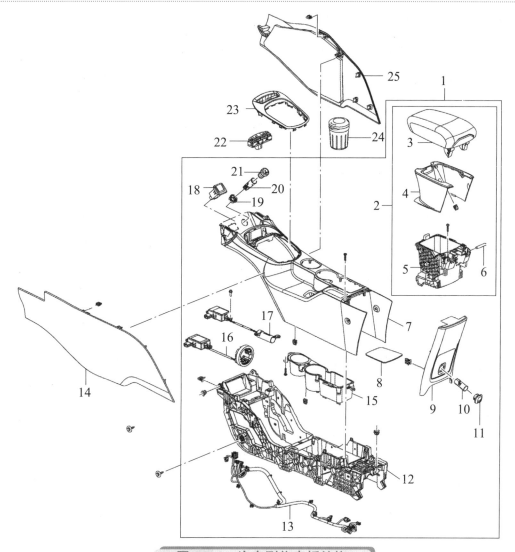

图 16-3　汽车副仪表板结构

1—前地板控制台；2—前地板控制台；3—前地板控制台扶手；4—前地板后控制台侧饰板；
5—前地板控制台储物箱；6—前地板控制台扶手铰链；7—前地板后控制台侧装饰板；
8—前地板控制台储物箱衬垫；9—前地板控制台后饰板；10—附件电源插座；11—附件电源插座固定件；
12—前地板控制台（主体）；13—前地板控制台线束；14—前地板控制台加长板；15—前地板控制台杯托；
16，17—防盗模块；18—多媒体插座；19—点烟器插座固定件；20—点烟器插座；21—点烟器；
22—驻车辅助警报关闭开关；23—前地板控制台饰板；24—前地板控制台烟灰缸；25—前地板控制台加长板

二、任务实施

汽车仪表台的拆装与更换。

（一）项目说明

指导教师和辅助教师配合进行示范操作，每一个步骤的要求及安全注意事项必须强调说明；小组学员在任务书的引导下，能够准确识别汽车仪表台主要零部件，叙述汽车仪表台的特点，掌握汽车仪表台的规范拆装与更换方法。

（二）技术要求与标准

（1）每组学员能在 30 min 内完成此项目任务书的填写。

（2）技术标准。

前地板控制台螺栓的紧固力矩为 2.5 N·m；前地板控制台储物箱紧固件的紧固力矩为 2.5 N·m；前地板控制台杯架紧固件的紧固力矩为 2.5 N·m；前地板控制台紧固件的紧固力矩为 2.5 N·m；仪表板附件托架螺母的紧固力矩为 22 N·m；仪表板组合仪表装饰板紧固件的紧固力矩为 2.5 N·m；仪表板总成箱紧固件的紧固力矩为 2.5 N·m；仪表板膝垫紧固件的紧固力矩为 2.5 N·m；仪表板横梁托架紧固件的紧固力矩为 22 N·m；仪表板横梁紧固件的紧固力矩为 22 N·m；仪表板装饰垫紧固件的紧固力矩为 2.5 N·m。

（三）工具、设备和材料

（1）雪佛兰新科鲁兹轿车（或其他车型车辆）。

（2）拆装工具及专用工具。

（3）座椅套、转向盘套、变速杆手柄套、驻车制动器操纵杆套、脚垫、前翼子板防护垫、前保险杠防护垫。

（4）手套、清洁抹布等辅料。

（5）雪佛兰新科鲁兹轿车（或其他车型车辆）维修手册。

（四）作业准备

（1）工具准备，如图 16-4 所示。

（2）安全防护准备。

①穿戴好防护用品。

②车辆进入修理工位前，将工位清理干净，准备好相关的工具和材料（见图 3-3、图 3-4）。

图 16-4　使用工具

③将车辆停驻在举升机中央位置（见图 3-5）。

④将变速杆置于空挡或驻车挡（P 挡）位置；拉起驻车制动器操纵杆（见图 3-6、图 3-7）。

⑤安装座椅套、转向盘套、变速杆手柄套、驻车制动器操纵杆套，铺设脚垫（见图 3-8~图 3-12）。

（五）实施与总结

（1）根据教学实际，此项目任务由指导教师和辅助教师配合完成示范操作，小组学员在指定区域认真观摩和记录。

（2）操作步骤如下所示。

①拆装汽车仪表台总成。

a.拆卸汽车仪表台总成。

（a）断开蓄电池负极电缆，停用辅助充气式约束系统。

⚠️ **注意：** 断开电缆后需等待 2 min，防止气囊意外展开！

（b）拆卸前排座椅。

（c）拆卸副仪表板总成。

• 拆下前地板控制台后装饰板，如图 16-5 所示。

• 拆下前地板控制台储物箱（带扶手），如图 16-6 所示。

图 16-5　拆下前地板控制台后装饰板

图 16-6　拆下前地板控制台储物箱（带扶手）

• 松开变速器控制杆护套，拆下前地板控制台装饰板，如图 16-7 所示。

• 拆下前地板控制台加长板，如图 16-8 所示。

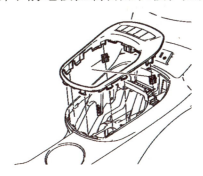

图 16-7　拆下前地板控制台装饰板

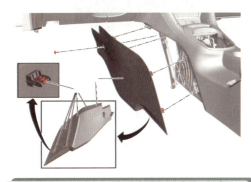

图 16-8　拆下前地板控制台加长板

• 拆下仪表板熔断器盒检修盖框架，如图 16-9 所示。

• 拆下前地板控制台及杯架，如图 16-10 所示。

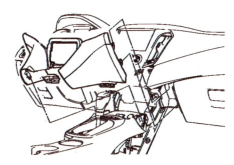

图 16-9　拆下仪表板熔断器盒检修盖框架

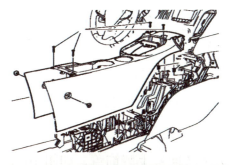

图 16-10　拆下前地板控制台及杯架

• 拆下前地板控制台杯架，如图 16-11 所示。

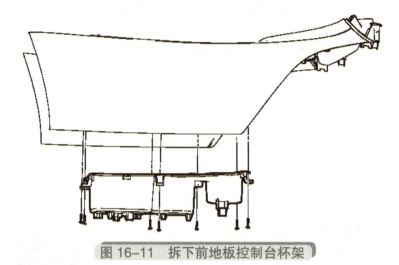

图 16-11　拆下前地板控制台杯架

（d）拆卸地板地毯。

• 轻轻地向上拉以解锁地板垫紧固件，拆下前地板垫（左、右），如图 16-12 所示。

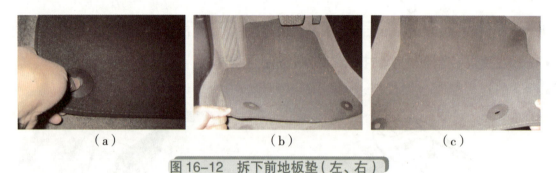

（a）　　　　　　　　（b）　　　　　　　　（c）

图 16-12　拆下前地板垫（左、右）

• 拆下门槛板内板装饰板（左、右），如图 16-13 所示。
• 拆下地板地毯固定件，取出地板地毯，如图 16-14 所示。

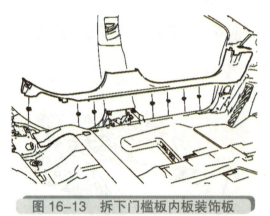

图 16-13　拆下门槛板内板装饰板

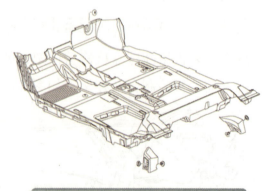

图 16-14　取出地板地毯

（e）拆卸转向盘。

• 拆下转向柱上装饰盖，如图 16-15 所示。

● 拆下转向柱下装饰盖，如图 16-16 所示。

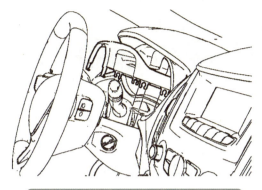

图 16-15　拆下转向柱上装饰盖

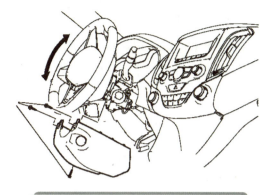

图 16-16　拆下转向柱下装饰盖

● 转动转向盘，使插入标记在顶部位置，如图 16-17 所示。

● 用螺丝刀将转向盘充气装置从转向盘上松开，并下推弹簧紧固件，如图 16-18 所示。

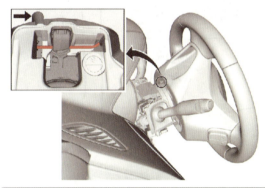

图 16-17　转动转向盘使插入标记在顶部位置

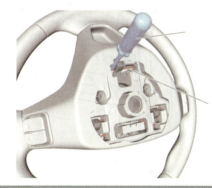

图 16-18　松开转向盘充气装置并下推弹簧紧固件

● 要从转向盘上分离转向盘充气装置，在转向盘保持倒置位置时向下移动充气装置，如图 16-19 所示。

● 打开副锁并断开电气连接器，取出转向盘安全气囊装置，如图 16-20 所示。

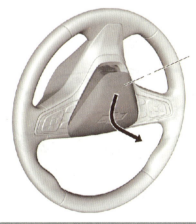

图 16-19　分离转向盘充气装置

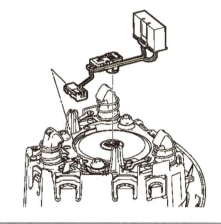

图 16-20　取出转向盘安全气囊装置

• 松开转向盘螺栓，直至剩下 2~3 个螺纹；转动转向盘直至转向盘完全脱开，取下转向盘，如图 16-21 所示。

（f）拆卸前风窗立柱内饰板（左、右）。

（g）拆卸仪表台。

• 拆下仪表台外装饰盖（左、右），如图 16-22 所示。

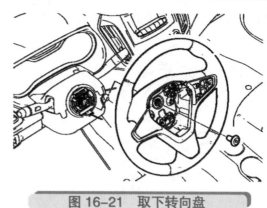

图 16-21　取下转向盘

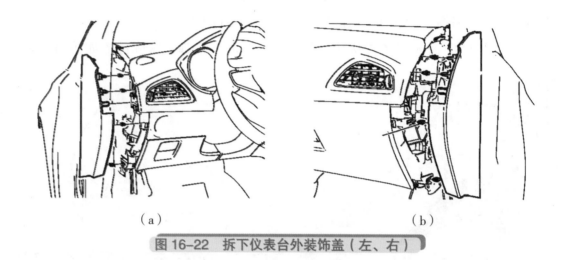

（a）　　　　　　　　　　　　（b）

图 16-22　拆下仪表台外装饰盖（左、右）

• 拆下仪表台下装饰板隔垫，如图 16-23 所示。

• 拆下仪表台储物箱，如图 16-24 所示。

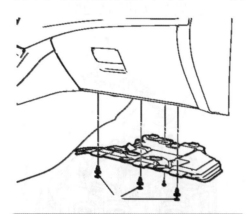

图 16-23　拆下仪表台下装饰板隔垫

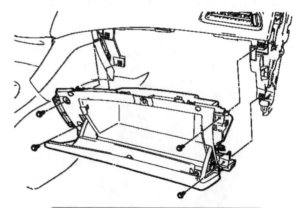

图 16-24　拆下仪表台储物箱

• 拆下车窗除雾器出风口格栅、收音机前置扬声器格栅及收音机前置中央扬声器格栅。

• 拆下仪表台装饰垫，如图 16-25 所示。

• 拆下仪表台装饰板，如图 16-26 所示。

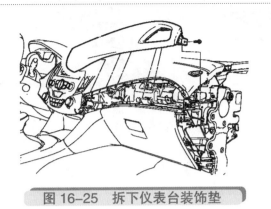

图 16-25 拆下仪表台装饰垫

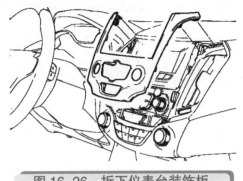

图 16-26 拆下仪表台装饰板

- 拆下仪表台中央出风口，如图 16-27 所示。
- 断开电气连接器，拆下仪表台膝垫，如图 16-28 所示。

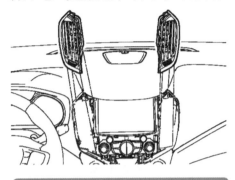

图 16-27 拆下仪表台中央出风口

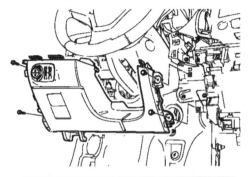

图 16-28 拆下仪表台膝垫

- 拆下仪表台组合仪表装饰板，如图 16-29 所示。
- 拆下收音机控制总成、加热器与空调控制装置。
- 拆下组合仪表，如图 16-30 所示。

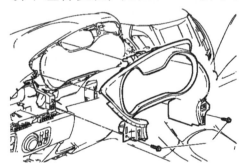

图 16-29 拆下仪表台组合仪表装饰板

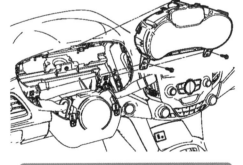

图 16-30 拆下组合仪表

- 拆下收音机前置扬声器、仪表台横梁托架、转向柱等其他附属件。
- 拆下仪表台固定螺栓，将线束从仪表台上断开，两人配合将仪表台从车辆上拿下来。

b. 安装汽车仪表台总成。

根据维修手册上的提示，按照与拆卸相反的顺序安装即可。注意要点：

（a）安装螺栓或螺母时必须按照维修手册标注的拧紧力矩拧紧！

（b）断开蓄电池电缆后重新连接时，某些系统需要初始化！

学习任务 17
汽车天窗机构的拆装与调整

▌▌工作情境描述 →

车主秦先生反映：近期，爱车的天窗出现了漏水，而且开启天窗时有卡滞现象。你作为车身维修技术人员，需对天窗机构进行拆卸并检修。

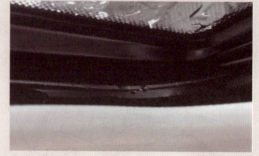

▌▌学习目标 →

完成本学习任务后，你应当能：

（1）了解天窗机构的类型；

（2）识别电动天窗机构的主要零部件；

（3）规范拆装与调整天窗机构。

一、知识准备 》》

（一）汽车天窗的作用

车内空气污染会严重影响驾乘人员的健康，特别是汽车在密闭了一段时间后，车厢内充斥着装饰用品中的苯、甲醛等有害物质的气体。所以，过夜后上车的第一件事，就是打开汽车天窗，利用它优越的负压换气原理，过滤车内空气，保护驾乘人员的身体健康。

汽车天窗的主要作用有以下三种。

1. 改变传统换气方式

汽车天窗改变了传统的换气形式，风吹进来形成一股气流，将车厢内的浑浊空气抽出去。汽车高速行驶时，空气分别从车的四周快速流过，当天窗打开时，车的外面就形成一片负压区，由于车内外气压的不同，就能将车内污浊的空气抽出，达到换气的目的，让车厢内始终保持清新的空气。

2. 迅速除却车内雾气

使用天窗除雾是一种快捷除雾的方法，特别是在夏秋两季，雨水多，湿度大。如果行车过程中将车的侧窗紧闭，就会增大车内外温差，前风窗玻璃容易形成雾气。虽然大多数车都配备了防雾装置，但有的效果并不那么明显。驾驶员只需要打开车顶天窗至后翘通风位置，可轻易消除前风窗玻璃上的雾气，保证行车安全。使用天窗换气，既不必担心车外恶劣脏污的环境，也不必担心雨水被吹进车内。

3. 快速降温节约能源

使用天窗还有节能的功效。在炎热的夏天，当车在太阳下曝晒一个小时，车内温度可轻易达到 70℃左右。打开车门，一股热浪就会扑面而来，对许多人来说，都是选择马上打开车内的空调降低车内温度。其实，只需打开天窗，利用车辆行驶过程中车顶形成的负压抽出燥热的空气就可达到快速换气降温的目的，使用这种方法比使用汽车空调降温的速度快 2~3 倍，而且还节油。

（二）汽车天窗的类型

汽车天窗按驱动方式的不同可分为手动式和电动式天窗，按开启方向不同可分为内藏式、外倾式和全景天窗等。

1. 内藏式天窗

内藏式天窗指的是滑动总成置于内饰与车顶之间的天窗。其优点是天窗开口大，外形简洁美观。目前中高档轿车原装天窗多采用内藏式天窗，如图 17-1 所示。

图 17-1　内藏式天窗

2. 外倾式天窗

外倾式天窗具有体积小、结构简单的优点，还有手动和电动两种分类。天窗倾斜度升高，打开一定角度，但是开口大小很有限，如图 17-2 所示。

∃. ▶▶ 全景天窗

如图 17-3 所示，全景天窗首先面积较大，甚至是整块玻璃的车顶，坐在车中可以将上方的景象一览无余。全景天窗的优点是视野开阔，通风良好。不过全景天窗也有一些缺点，如成本较高等；落尘需要清理，否则影响视线；车身整体刚度下降，安全系数降低。但全景天窗因其超大视野的享受，还是受到众多消费者的青睐。

图 17-2　外倾式天窗

图 17-3　全景天窗

（三）电动天窗的主体结构

汽车电动天窗的主体结构如图 17-4 所示。

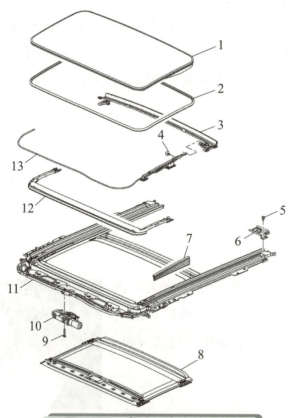

图 17-4　电动天窗主体结构

1—天窗玻璃；2—天窗玻璃密封件；3—天窗壳体排水槽；4—天窗玻璃螺栓；5—天窗壳体后支架螺栓；
6—天窗壳体后支架；7—天窗空气导流板盖；8—天窗遮阳板；9—天窗执行器电动机螺栓；
10—天窗玻璃电动机；11—天窗壳体；12—天窗空气导流器；13—天窗板 / 天窗导轨

汽车电动天窗主要由滑动机构、驱动机构、控制系统和开关等组成。

1. 滑动机构

电动天窗滑动机构主要由导向块、导向销、连杆、托架和前、后枕座构成，如图 17-5 所示。

2. 驱动机构

电动天窗驱动机构主要由电动机、传动机构和滑动螺杆组成。

（1）电动机（见图 17-6）。通过传动装置向天窗的开闭提供动力。电动机能双向转动，即通过改变电流的方向以改变电动机的旋转方向，实现天窗的开闭。

图 17-5　电动天窗滑动机构

图 17-6　电动天窗驱动机构

（2）传动机构（见图 17-7）。传动机构主要由蜗轮蜗杆传动机构、中间齿轮传动机构（主动中间齿轮、过渡中间齿轮）和驱动齿轮等组成。齿轮传动机构接受电动的动力，改变旋转方向，并减速增矩后将动力传给滑动螺杆，使天窗实现开闭；同时又将动力传给凸轮，使凸轮顶动限位开关进行开闭。主动中间齿轮与蜗轮固装在同一轴上，并与蜗轮同步转动；过渡中间齿轮与驱动齿轮固装在同一输出轴上，被主动中间齿轮驱动，使驱动齿轮带动玻璃开闭。

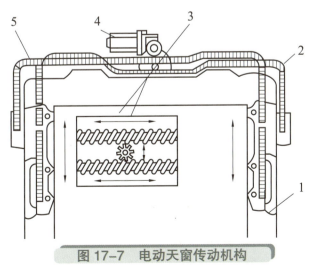

图 17-7　电动天窗传动机构

1—后枕座；2，5—滑动螺杆；3—驱动齿轮；4—电动机

3. 开关

电动天窗的开关由控制开关和限位开关组成，如图17-8所示。

（1）控制开关。主要包括滑动开关和斜升开关。滑动开关有滑动打开、滑动关闭和断开（中间位置）3个挡位。斜升开关也是有斜升、斜降和断开（中间位置）3个挡位。操作这些开关，令天窗驱动机构的电动机实现正反转，使天窗实现不同状态下的工作。

图 17-8 电动天窗开关

（2）限位开关。限位开关主要用来检测天窗所处的位置，犹如一个行程开关。限位开关是靠凸轮转动来实现断开和闭合的，凸轮安装在驱动机构的动力输出端，当电动机将动力输出时，通过驱动齿轮和滑动螺杆减速以后带动凸轮转动，于是凸轮周缘的凸起部位顶动开关使其开闭，以实现对天窗的自动控制。

4. 控制系统

控制系统ECU是一个数字控制电路，并设有定时器、蜂鸣器和继电器等，其作用是接受开关输入的信息，通过数字电路进行逻辑运算，确定继电器的动作，以控制天窗开闭，如图17-9所示。

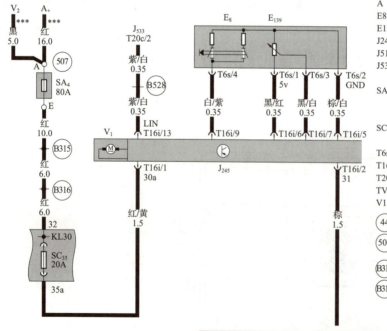

A	— 蓄电池
E8	— 滑动天窗开关，在前部内顶灯上
E139	— 滑动天窗调节器，在前部内顶灯上
J245	— 滑动天窗调节控制单元，在车顶前部内顶灯上方
J519	— BCM车身控制单元，在仪表板左侧下方
J533	— 数据总线诊断接口，在仪表板左侧下方制动踏板支架右侧
SA4	— 熔断器4.80 A，仪表板左侧下方熔断器盒内30号总线供电熔断器，在发动机舱内左侧电控箱前面熔断器支架上E号位
SC35	— 熔断器35.20 A，滑动天窗调节控制单元熔断器，在仪表板左侧熔断器支架上
T6s	— 6针插头，黑色，滑动天窗开关插头
T16i	— 16针插头，黑色，滑动天窗调节控制单元插头
T20c	— 20针插头，红色，数据总线诊断接口插头
TV2	— 端子30导线分线器，在空气滤清器后方
V1	— 滑动天窗马达，在车顶前部内顶灯上方
�44	— 接地点，在左侧A柱下部
�507	— 正极螺栓连接点(30)，在发动机舱内左侧电控箱前主熔断器支架上A号位
Ⓑ315	— 正极连接线(30a)，在主导线束中
Ⓑ316	— 正极连接线(30a)，在主导线束中

图 17-9 电动天窗控制系统

二、任务实施

汽车天窗机构的拆装与更换。

（一）项目说明

指导教师先示范操作，每一个步骤的要求及安全注意事项必须强调说明；小组学员在指导教师的带领下，能够准确识别汽车天窗机构的主要零部件，掌握天窗机构的规范拆装与更换方法。

（二）技术要求与标准

（1）两个学员相互配合能在 60 min 内完成此项目。

（2）技术标准。

天窗壳体紧固力矩为 9 N·m。

（三）工具、设备和材料

（1）雪佛兰新科鲁兹轿车（或其他车型车辆）。

（2）拆装工具及专用工具。

（3）座椅套、转向盘套、变速杆手柄套、驻车制动器操纵杆套、脚垫、前翼子板防护垫、前保险杠防护垫。

（4）手套、清洁抹布等辅料。

（5）雪佛兰新科鲁兹轿车（或其他车型车辆）维修手册。

（四）作业准备

（1）工具准备，如图 17-10 所示。

（2）安全防护准备。

①穿好防护用品。

②车辆进入修理工位前，将工位清理干净，准备好相关的工具和材料（见图 3-3、图 3-4）。

③将车辆停驻在举升机中央位置（见图 3-5）。

④将变速杆置于空挡或驻车挡（P 挡）位置；拉起驻车制动器操纵杆（见图 3-6、图 3-7）。

图 17-10　使用工具

⑤安装座椅套、转向盘套、变速杆手柄套、驻车制动器操纵杆套，铺设脚垫（见图 3-8~图 3-12）。

（五）实施与总结

（1）根据教学实际，按工位多少进行有效分组，建议同一类型或相关实训课题同时开展，使工位和设备利用最大化。

（2）操作步骤如下所示。

①拆装电动天窗机构。

a. 拆卸电动天窗机构。

（a）断开蓄电池负极电缆。

（b）拆卸四个车门框密封条。

（c）拆卸前风窗立柱内饰板、中立柱内饰板、后风窗立柱内饰板。

（d）拆卸阅读灯控制面板、遮阳板、车顶拉手。

（e）取出车顶篷。

（f）拔出前、后 4 根排水软管接头，如图 17-11 所示。

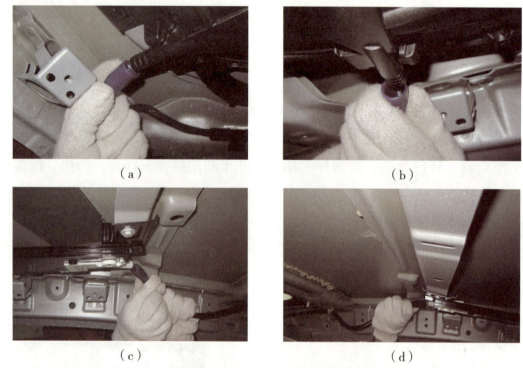

（a）　　　　　　　　　　　（b）

（c）　　　　　　　　　　　（d）

图 17-11　拔出 4 根排水软管接头

（g）断开电动机插头，拆下天窗电动机，如图 7-12 所示。

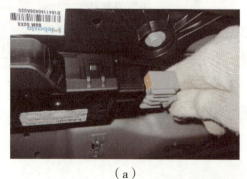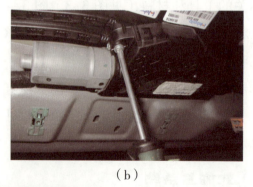

（a）　　　　　　　　　　　（b）

图 17-12　拆卸天窗电动机

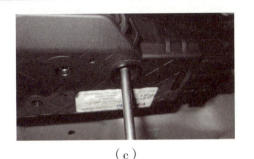

（c）　　　　　　　　　　　　　（d）

图 17-12　拆卸天窗电动机（续）

（h）拆卸天窗固定螺栓和螺栓，如图 17-13 所示。

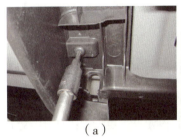
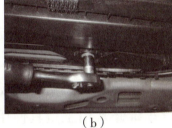
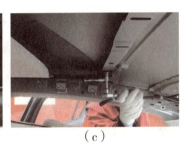

（a）　　　　　　　　　（b）　　　　　　　　　（c）

图 17-13　拆卸天窗固定螺栓和螺栓

（i）两人相互配合，取下天窗机构，如图 17-14 所示。

b.安装调整电动天窗机构。

（a）两人相互协作，将电动天窗机构放置在车顶正确位置。

（b）分多次拧紧天窗固定螺栓和螺栓。

⚠️注意：安装螺栓时必须按照维修手册标注的拧紧力矩拧紧！

图 17-14　两人配合取下天窗机构

（c）安装好天窗电动机并接上插头。

（d）连接蓄电池负极电缆，对天窗机构进行功能测试。

⚠️注意：断开蓄电池电缆后重新连接时，某些系统需要初始化！

（e）使天窗处于关闭位置，检查天窗与车顶的平整度，确保天窗与车顶高度一致、天窗玻璃密封条密封正常，必要时调整天窗玻璃螺栓。

（f）安装好四根排水软管接头并测试密封性。

（g）确认无误后，依次安装车顶篷、车顶拉手、遮阳板、阅读灯控制面板。

（h）安装前风窗立柱内饰板、中立柱内饰板、后风窗立柱内饰板。

（i）安装四个车门框密封条。

（j）整理、清洁工位。

参考文献

［1］北京中车行高新技术有限公司职业教育培训评价组织．汽车专业领域职业技能等级证书，汽车运用与维修职业技能考核培训方案准则，汽车车身钣金修护与车架调校技术（初、中、高级）［M］．北京：高等教育出版社，2019．

［2］交通运输部职业资格中心（交通运输部职业技能鉴定指导中心）．汽车车身整形修复工职业技能鉴定教材［M］．北京：人民交通出版社股份有限公司，2017．

［3］中国汽车维修行业协会．汽车维修常用工量具使用［M］．北京：人民交通出版社，2010．

［4］张炜．汽车车身电气系统拆装［M］．北京：人民交通出版社股份有限公司，2017．

［5］余元强，魏芳玺，侯彩丽．汽车车身修复技术［M］．北京：航空工业出版社，2018．

［6］胡富国，马涛．汽车车身与附属设备［M］．北京：人民交通出版社股份有限公司，2017．

目　录

学习任务 1 轿车车身结构的认知

一、理论考核

1. 单选题（从备选答案中选择唯一正确答案）

（1）下面不是车身结构性部件的是（　　　）。

A. 前立柱　　　　　　　B. 后纵梁　　　　　　　C. 车顶盖

（2）整体式车身上刚性最大的部分是（　　　）。

A. 前车身　　　　　　　B. 中车身　　　　　　　C. 后车身

（3）下面属于车身覆盖件的是（　　　）。

A. 前纵梁　　　　　　　B. 翼子板　　　　　　　C. 散热器支架

（4）整体式车身防止侧面撞击的主要部件是（　　　）。

A. 门槛板和中立柱　　　B. 中立柱和地板　　　　C. 中立柱和车门

（5）与前纵梁焊接在一起的部件是（　　　）。

A. 挡泥板　　　　　　　B. 前横梁　　　　　　　C. 翼子板

2. 多选题（从备选答案中选择两个或以上正确答案）

（1）车架的纵梁截面形状通常有（　　　）。

A. U 形槽截面　　　B. X 形截面　　　　C. 槽形截面　　　D. 箱形截面

（2）非承载式车身的缺点有（　　　）。

A. 整车质量增加　　　B. 整车高度增加

C. 减振性差　　　　　D. 技术要求提高，成本增加

（3）整体式车身结构基本类型有（　　　）。

A. 前置发动机后轮驱动　　　　　　　　B. 后置发动机后轮驱动

C. 中置发动机后轮驱动　　　　　　　　D. 前置发动机前轮驱动

（4）承载式车身的优点有（　　　）。

A. 质量轻　　　　　　　　　　　　　　B. 生产工艺性好

C. 结构紧凑　　　　　　　　　　　　　D. 安全性好

（5）汽车车身除了是驾驶员的工作场所外，还具有以下功能（　　　）。

A. 载人载物

B. 隔离行驶中的振动、噪声、废气

C. 保证行车安全和减轻事故后果

D. 提高动力性等

3. 部件识别题（按序号填入相应部件的正确名称）

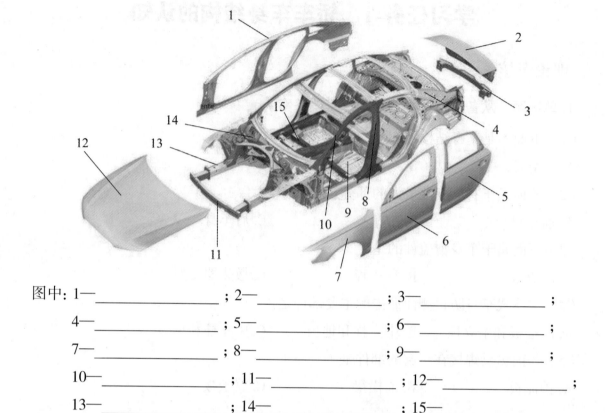

图中：1—＿＿＿＿＿＿＿＿＿＿＿；2—＿＿＿＿＿＿＿＿＿＿＿；3—＿＿＿＿＿＿＿＿＿＿＿；

4—＿＿＿＿＿＿＿＿＿＿＿；5—＿＿＿＿＿＿＿＿＿＿＿；6—＿＿＿＿＿＿＿＿＿＿＿；

7—＿＿＿＿＿＿＿＿＿＿＿；8—＿＿＿＿＿＿＿＿＿＿＿；9—＿＿＿＿＿＿＿＿＿＿＿；

10—＿＿＿＿＿＿＿＿＿＿；11—＿＿＿＿＿＿＿＿＿＿；12—＿＿＿＿＿＿＿＿＿＿；

13—＿＿＿＿＿＿＿＿＿＿；14—＿＿＿＿＿＿＿＿＿＿；15—＿＿＿＿＿＿＿＿＿＿

4. 简答题

（1）非承载式车身与承载式车身有何区别？

（2）为什么现代轿车多采用承载式车身结构？

二、技能考核

学习评价表 1-1 承载式车身部件的识别考核标准

工作：承载式车身部件的识别				实习日期：			
姓名：		班级：		学号：		教师签字：	
自评：□熟练　□不熟练		互评：□熟练　□不熟练		师评：□合格　□不合格			
序号	评分项	得分条件	分值	评分要求	自评	互评	师评
1	安全 /7S/态度	□ 1. 能进行工位 7S 操作 □ 2. 能进行设备和工具安全检查 □ 3. 能进行车辆安全防护操作 □ 4. 能进行工具清洁、校准、存放操作 □ 5. 能进行三不落地操作	15	未完成 1 项扣 5 分，扣分不得超 15 分	□熟练 □不熟练	□熟练 □不熟练	□合格 □不合格
2	专业技能能力	□ 1. 能够正确识别车身覆盖件 □ 2. 能够正确识别车身结构件	60	未完成 1 项扣 5 分，扣分不得超 60 分	□熟练 □不熟练	□熟练 □不熟练	□合格 □不合格
3	资料、信息查询能力	□ 1. 能正确使用维修手册查询资料 □ 2. 能在规定时间内查询所需资料 □ 3. 能正确记录所查询资料章节页码 □ 4. 能正确记录所需维修信息	10	未完成 1 项扣 5 分，扣分不得超 10 分	□熟练 □不熟练	□熟练 □不熟练	□合格 □不合格
4	数据判断和分析能力	□ 1. 能够判断车身结构类型 □ 2. 能够分析判断车身各部件的连接关系	10	未完成 1 项扣 5 分，扣分不得超 10 分	□熟练 □不熟练	□熟练 □不熟练	□合格 □不合格
5	表单填写与报告的撰写能力	□ 1. 字迹清晰 □ 2. 语句通顺 □ 3. 无错别字 □ 4. 无涂改 □ 5. 无抄袭	5	未完成 1 项扣 1 分，扣分不得超 5 分	□熟练 □不熟练	□熟练 □不熟练	□合格 □不合格
得分：							

学习任务2 车身常用拆装工具的使用

一、理论考核

1. 单选题（从备选答案中选择唯一正确答案）

（1）普通套筒的一端内部呈（　　　）。

A. 三角形 　　　　　　　B. 五角形 　　　　　　　C. 六角形或十二角形

（2）拆卸膨胀式塑料铆钉时应使用（　　　）将其撬起。

A. 一字螺丝刀 　　　　　B. 尖嘴钳 　　　　　　　C. 塑料卡扣拆卸器

（3）在拧松螺栓的作业中，应首选（　　　）。

A. 梅花扳手 　　　　　　B. 套筒扳手 　　　　　　C. 活动扳手

（4）紧固或拆卸液压管路时应选用（　　　）。

A. 套筒扳手 　　　　　　B. 梅花扳手 　　　　　　C. 开口扳手

（5）下列示范工具使用的图片，（　　　）操作是正确的。

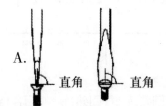 

2. 工具识别题（按序号填入相应工具的正确名称）

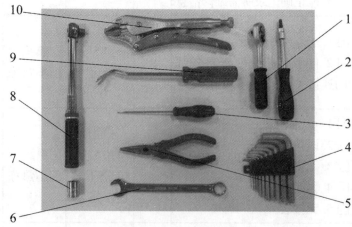

图中：1—＿＿＿＿＿＿＿＿＿；2—＿＿＿＿＿＿＿＿＿；3—＿＿＿＿＿＿＿＿＿；
　　　4—＿＿＿＿＿＿＿＿＿；5—＿＿＿＿＿＿＿＿＿；6—＿＿＿＿＿＿＿＿＿；
　　　7—＿＿＿＿＿＿＿＿＿；8—＿＿＿＿＿＿＿＿＿；9—＿＿＿＿＿＿＿＿＿；
　　　10—＿＿＿＿＿＿＿＿＿

3.简答题

（1）简述棘轮扳手的使用方法及注意事项。

（2）为什么拆卸刮水臂时要使用专用型工具？

二、技能考核

学习评价表 2-1　车身常用拆装工具的使用考核标准

工作：车身常用拆装工具的使用				实习日期：				教师签字：
姓名：		班级：		学号：				
自评：□熟练　□不熟练		互评：□熟练　□不熟练		师评：□合格　□不合格				
序号	评分项	得分条件	分值	评分要求	自评	互评	师评	
1	安全 /7S/态度	□ 1.能进行工位 7S 操作 □ 2.能进行设备和工具安全检查 □ 3.能进行车辆安全防护操作 □ 4.能进行工具清洁、校准、存放操作 □ 5.能进行三不落地操作	15	未完成 1项扣 5分，扣分不得超 15 分	□熟练 □不熟练	□熟练 □不熟练	□合格 □不合格	
2	专业技能能力	□ 1.能够正确识别车身常用拆装工具 □ 2.能够规范使用车身常用拆装工具	60	未完成 1项扣 5分，扣分不得超 60 分	□熟练 □不熟练	□熟练 □不熟练	□合格 □不合格	
3	资料、信息查询能力	□ 1.能正确使用维修手册查询资料 □ 2.能在规定时间内查询所需资料 □ 3.能正确记录所查询资料章节页码 □ 4.能正确记录所需维修信息	10	未完成 1项扣 5分，扣分不得超 10 分	□熟练 □不熟练	□熟练 □不熟练	□合格 □不合格	
4	数据判断和分析能力	□ 1.能够判断工具规格型号的意义 □ 2.能够分析判断选用合适的工具	10	未完成 1项扣 5分，扣分不得超 10 分	□熟练 □不熟练	□熟练 □不熟练	□合格 □不合格	
5	表单填写与报告的撰写能力	□ 1.字迹清晰 □ 2.语句通顺 □ 3.无错别字 □ 4.无涂改 □ 5.无抄袭	5	未完成 1项扣 1分，扣分不得超 5分	□熟练 □不熟练	□熟练 □不熟练	□合格 □不合格	
得分：								

学习任务3　汽车保险杠的拆装与调整

一、理论考核

1. 单选题（从备选答案中选择唯一正确答案）

（1）前保险杠蒙皮一般是和（　　）固定在一起的。

A. 发动机舱盖　　　　　B. 前翼子板　　　　　C. 前挡泥板

（2）为防止污物弄脏驾驶室，需使用（　　）对驾驶室进行简单的防护。

A. 三件套　　　　　　　B. 四件套　　　　　　C. 五件套

（3）目前的汽车保险杠一般采用（　　）制作。

A. 钢铁　　　　　　　　B. 塑料　　　　　　　C. 纳米材料

（4）拆装汽车保险杠一般需要（　　）完成。

A. 一人　　　　　　　　B. 两人　　　　　　　C. 三人

（5）检查调整汽车保险杠间隙面差时使用的工具是（　　）。

A. 直尺　　　　　　　　B. 专用厚薄规　　　　C. 千分尺

2. 多选题（从备选答案中选择两个或以上正确答案）

（1）前保险杠的作用有（　　）。

A. 保护作用　　　B. 装置作用　　　C. 美化作用　　　D. 提高空气动力特性

（2）前保险杠蒙皮上可以安装的零部件有（　　）。

A. 灯具　　　　　B. 雷达探测器　　C. 牌照　　　　　D. 前照灯清洗装置

（3）拆卸汽车保险杠一般会使用到（　　）等工具。

A. 塑料卡扣拆卸器　　B. 小规格一字螺丝刀　　C. 梅花扳手　　D. 棘轮扳手

（4）下列描述正确的有（　　）。

A. 目前轿车的前后保险杠蒙皮均采用碳纤维材料制成

B. 汽车保险杠安装后需调整与各部件之间的间隙面差

C. 前保险杠安装在发动机舱的最前方，与车身结合为一体

D. 汽车保险杠是吸收缓和外界冲击力、防护车身前后部的安全装置

（5）下列描述不正确的有（　　）。

A. 后保险杠的拆装一般不需要举升也能轻松完成

B. 后保险杠安装在行李舱的最后方，与后翼子板结合为一体

C. 汽车保险杠一般不设吸能装置

D. 拆卸保险杠最困难之处就在于脱开两侧与翼子板之间的固定卡夹

3. 零部件识别题（按序号填入相应零部件的正确名称）

图中: 1—_____ ; 2—_____ ; 3—_____ ;

　　　 4—_____ ; 5—_____

4. 简答题

（1）汽车保险杠有哪些作用？

（2）简述前保险杠的规范拆装方法。

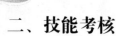

二、技能考核

学习评价表 3-1　汽车保险杠的拆装与调整考核标准

工作：汽车保险杠的拆装与调整				实习日期：			
姓名：		班级：		学号：		教师签字：	
自评：□熟练　□不熟练		互评：□熟练　□不熟练		师评：□合格　□不合格			
序号	评分项	得分条件	分值	评分要求	自评	互评	师评
1	安全/7S/态度	□1.能进行工位7S操作 □2.能进行设备和工具安全检查 □3.能进行车辆安全防护操作 □4.能进行工具清洁、校准、存放操作 □5.能进行三不落地操作	15	未完成1项扣5分，扣分不得超15分	□熟练 □不熟练	□熟练 □不熟练	□合格 □基本合格 □不合格
2	专业技能能力	□1.能正确识别汽车前、后保险杠相关零部件组成 □2.能正确举升车辆 □3.能规范拆装及调整前保险杠 □4.能规范拆装及调整后保险杠	50	未完成1项扣5分，扣分不得超50分	□熟练 □不熟练	□熟练 □不熟练	□合格 □基本合格 □不合格
3	工具及设备的使用能力	□1.能正确使用拆装工具 □2.能正确使用专用工具 □3.能正确使用扭力扳手	10	未完成1项扣5分，扣分不得超10分	□熟练 □不熟练	□熟练 □不熟练	□合格 □基本合格 □不合格
4	资料、信息查询能力	□1.能正确使用维修手册查询资料 □2.能在规定时间内查询所需资料 □3.能正确记录所查询资料章节页码 □4.能正确记录所需维修信息	10	未完成1项扣5分，扣分不得超10分	□熟练 □不熟练	□熟练 □不熟练	□合格 □基本合格 □不合格
5	数据判断和分析能力	□1.能判断前、后保险杠防撞梁是否正常 □2.能判断前、后保险杠与相邻各部件的间隙面差是否正常	10	未完成1项扣5分，扣分不得超10分	□熟练 □不熟练	□熟练 □不熟练	□合格 □基本合格 □不合格
6	表单填写与报告的撰写能力	□1.字迹清晰 □2.语句通顺 □3.无错别字 □4.无涂改 □5.无抄袭	5	未完成1项扣1分，扣分不得超5分	□熟练 □不熟练	□熟练 □不熟练	□合格 □基本合格 □不合格
得分：							

学习任务 4　汽车车灯及灯泡的拆装与更换

一、理论考核

1. 单选题（从备选答案中选择唯一正确答案）

（1）目前轿车上普遍使用的前照灯以（　　）为主。

A. 白炽灯　　　　　　　　B. 卤素灯　　　　　　　　C. 氙气灯

（2）车辆夜间行驶在乡间道路时应开启（　　）。

A. 危险报警灯　　　　　　B. 雾灯　　　　　　　　　C. 远光灯

（3）检查灯泡的钨丝是否熔断时应在（　　）下仔细观察。

A. 光亮处　　　　　　　　B. 暗处　　　　　　　　　C. 专用仪器

（4）使用灯光调整仪调整前照灯光束时要求轮胎的气压应调整到（　　）。

A. 高于标准气压　　　　　B. 低于标准气压　　　　　C. 正常气压

（5）当仪表盘"🔰"灯点亮时表示（　　）已开启。

A. 位置灯　　　　　　　　B. 前雾灯　　　　　　　　C. 后雾灯

2. 简答题

（1）常见的汽车车灯有哪些？分别安装在哪个部位？

（2）简述前照灯总成的规范拆装方法。

二、技能考核

学习评价表 4-1　汽车车灯及灯泡的拆装与更换考核标准

工作: 汽车车灯及灯泡的拆装与更换				实习日期:			
姓名:		班级:		学号:		教师签字:	
自评:□熟练　□不熟练		互评:□熟练　□不熟练		师评:□合格　□不合格			
序号	评分项	得分条件	分值	评分要求	自评	互评	师评
1	安全/7S/态度	□ 1. 能进行工位 7S 操作 □ 2. 能进行设备和工具安全检查 □ 3. 能进行车辆安全防护操作 □ 4. 能进行工具清洁、校准、存放操作 □ 5. 能进行三不落地操作	15	未完成1项扣5分,扣分不得超 15 分	□熟练 □不熟练	□熟练 □不熟练	□合格 □基本合格 □不合格

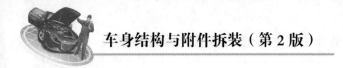

续表

工作：汽车车灯及灯泡的拆装与更换			实习日期：			
姓名：		班级：	学号：		教师签字：	
自评：□熟练　□不熟练		互评：□熟练　□不熟练	师评：□合格　□不合格			

序号	评分项	得分条件	分值	评分要求	自评	互评	师评
2	专业技能能力	□ 1. 能正确识别汽车常见车灯 □ 2. 能规范拆装汽车前照灯及更换灯泡 □ 3. 能规范拆装汽车前雾灯及更换灯泡 □ 4. 能规范拆装汽车后尾灯及更换灯泡 □ 5. 能规范拆装汽车侧转向灯及更换灯泡 □ 6. 能规范拆装汽车牌照灯及更换灯泡 □ 7. 能规范拆装汽车阅读灯及更换灯泡 □ 8. 能规范拆装汽车行李舱灯及更换灯泡 □ 9. 能正确调整和使用灯光	50	未完成1项扣5分，扣分不得超50分	□熟练 □不熟练	□熟练 □不熟练	□合格 □基本合格 □不合格
3	工具及设备的使用能力	□ 1. 能正确使用拆装工具 □ 2. 能正确使用专用工具 □ 3. 能正确使用扭力扳手	10	未完成1项扣5分，扣分不得超10分	□熟练 □不熟练	□熟练 □不熟练	□合格 □基本合格 □不合格
4	资料、信息查询能力	□ 1. 能正确使用维修手册查询资料 □ 2. 能在规定时间内查询所需资料 □ 3. 能正确记录所查询资料章节页码 □ 4. 能正确记录所需维修信息	10	未完成1项扣5分，扣分不得超10分	□熟练 □不熟练	□熟练 □不熟练	□合格 □基本合格 □不合格
5	数据判断和分析能力	□ 1. 能判断灯泡是否损坏 □ 2. 能判断灯光光束是否正常	10	未完成1项扣5分，扣分不得超10分	□熟练 □不熟练	□熟练 □不熟练	□合格 □基本合格 □不合格
6	表单填写与报告的撰写能力	□ 1. 字迹清晰 □ 2. 语句通顺 □ 3. 无错别字 □ 4. 无涂改 □ 5. 无抄袭	5	未完成1项扣1分，扣分不得超5分	□熟练 □不熟练	□熟练 □不熟练	□合格 □基本合格 □不合格
得分：							

学习任务5 前翼子板的拆装与调整

一、理论考核

1. 单选题

（1）前翼子板属于车身（　　　）。

A. 覆盖件　　　　　　　　B. 结构件　　　　　　　　C. 装饰件

（2）前翼子板一般厚度为（　　　）。

A. 0.3~0.5 mm　　　　　B. 0.6~0.8 mm　　　　　C. 1.0~1.2 mm

（3）前翼子板与前车门之间如果没有间隙，会（　　　）。

A. 更加美观　　　　　　　B. 造成磨损或变形　　　C. 没有任何影响

（4）在前翼子板与挡泥板之间，有的车辆会安装有（　　　）。

A. 防撞梁　　　　　　　　B. 车速传感器　　　　　　C. 翼子板内衬

（5）拆卸前翼子板时使用频率最多的工具是（　　　）。

A. 套筒棘轮扳手　　　　　B. 一字螺丝刀　　　　　C. 塑料卡扣拆卸器

2. 多选题

（1）汽车翼子板按其在车身上的位置不同可分为（　　　）。

A. 前翼子板　　　　　　B. 中间翼子板　　　　　C. 后翼子板　　　　　D. 上部翼子板

（2）目前汽车前翼子板常见的材质有（　　　）。

A. 钢质　　　　　　　　B. 塑料　　　　　　　　C. 铝合金　　　　　　　D. 木质

（3）拆卸前翼子板首先需要拆卸（　　　）。

A. 发动机舱盖　　　B. 前保险杠　　　　C. 前照灯　　　　　D. 前车门

（4）装配前翼子板时需调整前翼子板与（　　　）的间隙。

A. 发动机舱盖　　　B. 前保险杠　　　　C. 前车门　　　　　D. 前照灯

（5）以下说法正确的有（　　　）。

A. 前翼子板通常由螺栓固定在车身上。

B. 后翼子板通常是焊接在车身上。

C. 前翼子板主要作用是在汽车行驶过程中，防止被车轮卷起的砂石、泥浆溅到车厢的底部。

D. 前翼子板安装在前轮处，必须保证前轮转动及跳动时的最大极限空间。

3. 简答题

（1）汽车翼子板有什么作用？有何特点？

（2）简述前翼子板的规范拆装方法。

二、技能考核

学习评价表 5-1　前翼子板的拆装与调整考核标准

工作：前翼子板的拆装与调整					实习日期：			
姓名：		班级：			学号：			教师签字：
自评：□熟练　□不熟练		互评：□熟练　□不熟练			师评：□合格　□不合格			
序号	评分项	得分条件		分值	评分要求	自评	互评	师评
1	安全/7S/态度	□1. 能进行工位7S操作 □2. 能进行设备和工具安全检查 □3. 能进行车辆安全防护操作 □4. 能进行工具清洁、校准、存放操作 □5. 能进行三不落地操作		15	未完成1项扣5分，扣分不得超15分	□熟练 □不熟练	□熟练 □不熟练	□合格 □基本合格 □不合格
2	专业技能能力	□1. 能规范拆装前保险杠蒙皮 □2. 能规范拆装前照灯总成 □3. 能规范拆装前翼子板 □4. 能正确调整前翼子板、前保险杠蒙皮与相邻各部件的间隙面差		50	未完成1项扣5分，扣分不得超50分	□熟练 □不熟练	□熟练 □不熟练	□合格 □基本合格 □不合格

续表

工作：前翼子板的拆装与调整			实习日期：			
姓名：		班级：	学号：		教师签字：	
自评：□熟练　□不熟练		互评：□熟练　□不熟练	师评：□合格　□不合格			
序号	评分项	得分条件	分值	评分要求	自评	互评	师评
---	---	---	---	---	---	---	---
3	工具及设备的使用能力	□ 1. 能正确使用拆装工具 □ 2. 能正确使用专用工具 □ 3. 能正确使用扭力扳手	10	未完成1项扣5分，扣分不得超10分	□熟练 □不熟练	□熟练 □不熟练	□合格 □基本合格 □不合格
4	资料、信息查询能力	□ 1. 能正确使用维修手册查询资料 □ 2. 能在规定时间内查询所需资料 □ 3. 能正确记录所查询资料章节页码 □ 4. 能正确记录所需维修信息	10	未完成1项扣5分，扣分不得超10分	□熟练 □不熟练	□熟练 □不熟练	□合格 □基本合格 □不合格
5	数据判断和分析能力	□ 1. 能判断前翼子板的材质 □ 2. 能判断前翼子板与相邻各部件的间隙面差是否正常	10	未完成1项扣5分，扣分不得超10分	□熟练 □不熟练	□熟练 □不熟练	□合格 □基本合格 □不合格
6	表单填写与报告的撰写能力	□ 1. 字迹清晰 □ 2. 语句通顺 □ 3. 无错别字 □ 4. 无涂改 □ 5. 无抄袭	5	未完成1项扣1分，扣分不得超5分	□熟练 □不熟练	□熟练 □不熟练	□合格 □基本合格 □不合格
得分：						

学习任务6　发动机舱盖的拆装与调整

一、理论考核

1.单选题（从备选答案中选择唯一正确答案）

（1）发动机舱盖开启时一般是（　　　）。

A.向前翻转　　　　　　B.向后翻转　　　　　　C.垂直升起

（2）发动机舱盖属于车身（　　　）。

A.覆盖件　　　　　　　B.结构件　　　　　　　C.装饰件

（3）发动机舱盖打开至预定角度，距前风窗玻璃的最小间距为（　　　）。

A.6 mm　　　　　　　　B.8 mm　　　　　　　　C.10 mm

（4）拆装发动机舱盖一般需要（　　　）完成。

A.一人　　　　　　　　B.两人　　　　　　　　C.三人

（5）发动机舱盖开启手柄一般设置在（　　　）。

A.仪表板左侧　　　　　B.仪表板中部　　　　　C.前座椅下部

2.多选题（从备选答案中选择两个或以上正确答案）

（1）发动机舱盖总成主要由（　　　）组成。

A.内板　　　　　　　B.外板　　　　　　　C.加强梁　　　　　　　D.装饰板

（2）有的发动机舱盖上还安装有（　　　）。

A.洗涤喷嘴　　　　　B.隔声垫　　　　　　C.输液软管　　　　　　D.密封条

（3）拆卸发动机舱盖前需安装（　　　）。

A.左前翼子板防护垫　　B.右前翼子板防护垫

C.前保险杠防护垫　　　D.前车门防护垫

（4）调整发动机舱盖一般有（　　　）的调整。

A.发动机舱盖到铰链　　B.发动机舱盖高度

C.发动机舱盖锁　　　　D.发动机舱盖到前风窗玻璃

（5）以下说法不正确的有（　　　）。

A.发动机舱盖通常是焊接在车身上的。

B.发动机舱盖属于结构件

C.发动机舱盖可以用气动撑杆支撑

D.发动机舱盖不能使用碳纤维材质制作

3. 零部件识别题（按序号填入相应零部件的正确名称）

图中：1—＿＿＿＿＿＿＿＿＿＿；2—＿＿＿＿＿＿＿＿＿＿；3—＿＿＿＿＿＿＿＿＿＿；
4—＿＿＿＿＿＿＿＿＿＿；5—＿＿＿＿＿＿＿＿＿＿；6—＿＿＿＿＿＿＿＿＿＿

4. 简答题

（1）发动机舱盖有哪些作用?

（2）简述发动机舱盖到铰链的调整方法。

二、技能考核

学习评价表 6-1　发动机舱盖的拆装与调整考核标准

工作: 发动机舱盖的拆装与调整				实习日期:			
姓名:		班级:		学号:		教师签字:	
自评: □熟练　□不熟练		互评: □熟练　□不熟练		师评: □合格　□不合格			
序号	评分项	得分条件	分值	评分要求	自评	互评	师评
1	安全/7S/态度	□ 1. 能进行工位 7S 操作 □ 2. 能进行设备和工具安全检查 □ 3. 能进行车辆安全防护操作 □ 4. 能进行工具清洁、校准、存放操作 □ 5. 能进行三不落地操作	15	未完成 1 项扣 5 分，扣分不得超 15 分	□熟练 □不熟练	□熟练 □不熟练	□合格 □基本合格 □不合格

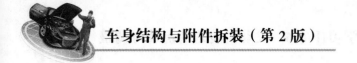

续表

工作：发动机舱盖的拆装与调整				实习日期：			
姓名：		班级：		学号：		教师签字：	
自评：□熟练　□不熟练		互评：□熟练　□不熟练		师评：□合格　□不合格			
序号	评分项	得分条件	分值	评分要求	自评	互评	师评
2	专业技能能力	□1.能正确识别发动机舱盖相关零部件组成 □2.能规范拆装发动机舱盖 □3.能正确调整发动机舱盖与相邻各部件的间隙面差	50	未完成1项扣5分，扣分不得超50分	□熟练 □不熟练	□熟练 □不熟练	□合格 □基本合格 □不合格
3	工具及设备的使用能力	□1.能正确使用拆装工具 □2.能正确使用专用工具 □3.能正确使用扭力扳手	10	未完成1项扣5分，扣分不得超10分	□熟练 □不熟练	□熟练 □不熟练	□合格 □基本合格 □不合格
4	资料、信息查询能力	□1.能正确使用维修手册查询资料 □2.能在规定时间内查询所需资料 □3.能正确记录所查询资料章节页码 □4.能正确记录所需维修信息	10	未完成1项扣5分，扣分不得超10分	□熟练 □不熟练	□熟练 □不熟练	□合格 □基本合格 □不合格
5	数据判断和分析能力	□1.能判断发动机舱盖开关是否正常 □2.能判断发动机舱盖与相邻各部件的间隙面差是否正常	10	未完成1项扣5分，扣分不得超10分	□熟练 □不熟练	□熟练 □不熟练	□合格 □基本合格 □不合格
6	表单填写与报告的撰写能力	□1.字迹清晰 □2.语句通顺 □3.无错别字 □4.无涂改 □5.无抄袭	5	未完成1项扣1分，扣分不得超5分	□熟练 □不熟练	□熟练 □不熟练	□合格 □基本合格 □不合格
得分：							

学习任务7　行李舱盖的拆装与调整

一、理论考核

1.多选题（从备选答案中选择两个或以上正确答案）

（1）行李舱盖总成主要由（　　）组成。

A.中间板　　　　　B.内板　　　　　C.外板　　　　　D.加强梁

（2）开启行李舱盖的方法有（　　）。

A.扣动行李舱盖外把手　　　　　　B.按压遥控钥匙上行李舱盖开启按钮

C.用车钥匙开启　　　　　　　　　D.脚部感应式开启

（3）有的行李舱盖安装尾翼是为了（　　）。

A.更美观　　　　B.空气导流　　　　C.更结实　　　　D.安装行李

（4）调整行李舱盖一般有（　　）的调整。

A.行李舱盖到铰链　　　　　　　　B.行李舱盖锁

C.行李舱盖的高度　　　　　　　　D.行李舱盖到后风窗玻璃

（5）以下说法正确的有（　　）。

A.行李舱盖的连接属于不可拆卸式连接

B.行李舱盖属于覆盖件

C.行李舱盖锁通常采用钩扣式和卡板式两种结构形式

D.行李舱盖通常采用厚钢板制造

2.零部件识别题（按序号填入相应零部件的正确名称）

图中：1—＿＿＿＿＿＿＿＿＿＿＿＿；2—＿＿＿＿＿＿＿＿＿＿＿＿；3—＿＿＿＿＿＿＿＿＿＿＿＿；

　　　　4—＿＿＿＿＿＿＿＿＿＿＿＿；5—＿＿＿＿＿＿＿＿＿＿＿＿。

3.简答题

（1）行李舱盖有哪些开启方法？

（2）简述行李舱盖的规范拆装方法。

二、技能考核

学习评价表 7-1　行李舱盖的拆装与调整考核标准

工作：行李舱盖的拆装与调整				实习日期：			
姓名：		班级：		学号：			教师签字：
自评：□熟练　□不熟练		互评：□熟练　□不熟练		师评：□合格　□不合格			
序号	评分项	得分条件	分值	评分要求	自评	互评	师评
1	安全/7S/态度	□ 1. 能进行工位 7S 操作 □ 2. 能进行设备和工具安全检查 □ 3. 能进行车辆安全防护操作 □ 4. 能进行工具清洁、校准、存放操作 □ 5. 能进行三不落地操作	15	未完成 1 项扣 5 分，扣分不得超 15 分	□熟练 □不熟练	□熟练 □不熟练	□合格 □基本合格 □不合格
2	专业技能能力	□ 1. 能正确识别行李舱盖相关零部件组成 □ 2. 能规范拆装行李舱盖 □ 3. 能正确调整行李舱盖与相邻各部件的间隙面差	50	未完成 1 项扣 5 分，扣分不得超 50 分	□熟练 □不熟练	□熟练 □不熟练	□合格 □基本合格 □不合格
3	工具及设备的使用能力	□ 1. 能正确使用拆装工具 □ 2. 能正确使用专用工具 □ 3. 能正确使用扭力扳手	10	未完成 1 项扣 5 分，扣分不得超 10 分	□熟练 □不熟练	□熟练 □不熟练	□合格 □基本合格 □不合格
4	资料、信息查询能力	□ 1. 能正确使用维修手册查询资料 □ 2. 能在规定时间内查询所需资料 □ 3. 能正确记录所查询资料章节页码 □ 4. 能正确记录所需维修信息	10	未完成 1 项扣 5 分，扣分不得超 10 分	□熟练 □不熟练	□熟练 □不熟练	□合格 □基本合格 □不合格
5	数据判断和分析能力	□ 1. 能判断行李舱盖开关是否正常 □ 2. 能判断行李舱盖与相邻各部件的间隙面差是否正常	10	未完成 1 项扣 5 分，扣分不得超 10 分	□熟练 □不熟练	□熟练 □不熟练	□合格 □基本合格 □不合格
6	表单填写与报告的撰写能力	□ 1. 字迹清晰 □ 2. 语句通顺 □ 3. 无错别字 □ 4. 无涂改 □ 5. 无抄袭	5	未完成 1 项扣 1 分，扣分不得超 5 分	□熟练 □不熟练	□熟练 □不熟练	□合格 □基本合格 □不合格
得分：							

学习任务 8   车窗玻璃及玻璃升降器的拆装与更换

一、理论考核

1. 单选题（从备选答案中选择唯一正确答案）

（1）车窗玻璃应能停在（　　　）位置上，既不下滑，也不会由于汽车颠簸而上下跳动。

A. 最上部　　　　　　　　　B. 中部　　　　　　　　　C. 任意

（2）（　　　）属于柔式玻璃升降器。

A. 单臂式玻璃升降器　　　B. 双臂式玻璃升降器　　　C. 绳轮式玻璃升降器

（3）电动玻璃升降器电动机采用（　　　）电动机。

A. 可逆性永磁直流　　　　B. 可逆性永磁交流　　　　C. 不可逆性永磁

（4）拆卸车窗玻璃通常要将玻璃放置（　　　）位置较为方便。

A. 最上部　　　　　　　　　B. 中部　　　　　　　　　C. 最下部

（5）以下说法不正确的是（　　　）。

A. 电动玻璃升降器正常工作时的电压应不低于 11 V

B. 车门玻璃升降器固定在车门内板上

C. 当车窗不能升降时一般先检查升降电动机是否出现故障

2. 简答题

（1）玻璃升降器有哪些功能？

（2）简述车窗玻璃及玻璃升降器的规范拆装方法。

二、技能考核

学习评价表 8-1　车窗玻璃及玻璃升降器的拆装考核标准

工作：车窗玻璃及玻璃升降器的拆装				实习日期：			
姓名：		班级：		学号：		教师签字：	
自评：□熟练　□不熟练		互评：□熟练　□不熟练		师评：□合格　□不合格			
序号	评分项	得分条件	分值	评分要求	自评	互评	师评
1	安全/7S/态度	□1.能进行工位7S操作 □2.能进行设备和工具安全检查 □3.能进行车辆安全防护操作 □4.能进行工具清洁、校准、存放操作 □5.能进行三不落地操作	15	未完成1项扣5分，扣分不得超15分	□熟练 □不熟练	□熟练 □不熟练	□合格 □基本合格 □不合格
2	专业技能能力	□1.能正确识别车窗玻璃升降器结构组成 □2.能规范拆装车窗玻璃及玻璃升降器	50	未完成1项扣5分，扣分不得超50分	□熟练 □不熟练	□熟练 □不熟练	□合格 □基本合格 □不合格
3	工具及设备的使用能力	□1.能正确使用拆装工具 □2.能正确使用专用工具 □3.能正确使用扭力扳手	10	未完成1项扣5分，扣分不得超10分	□熟练 □不熟练	□熟练 □不熟练	□合格 □基本合格 □不合格
4	资料、信息查询能力	□1.能正确使用维修手册查询资料 □2.能在规定时间内查询所需资料 □3.能正确记录所查询资料章节页码 □4.能正确记录所需维修信息	10	未完成1项扣5分，扣分不得超10分	□熟练 □不熟练	□熟练 □不熟练	□合格 □基本合格 □不合格
5	数据判断和分析能力	□1.能判断车窗玻璃升降是否正常 □2.能分析判断车窗玻璃无法升降的常见故障原因	10	未完成1项扣5分，扣分不得超10分	□熟练 □不熟练	□熟练 □不熟练	□合格 □基本合格 □不合格
6	表单填写与报告的撰写能力	□1.字迹清晰 □2.语句通顺 □3.无错别字 □4.无涂改 □5.无抄袭	5	未完成1项扣1分，扣分不得超5分	□熟练 □不熟练	□熟练 □不熟练	□合格 □基本合格 □不合格
得分：							

学习任务9　门锁机构的拆装与更换

一、理论考核

1. 单选题（从备选答案中选择唯一正确答案）

（1）车门锁中以（　　　）最为常见。

A. 舌簧式　　　　　　　　B. 卡板式　　　　　　　　C. 凸轮式

（2）自动落锁功能指的是只要行车速度超过（　　　），中控锁就会自动启动。

A. 10 km/h　　　　　　　B. 30 km/h　　　　　　　C. 50 km/h

（3）车门锁通常用（　　）固定。

A. 塑料卡扣　　　　　　　B. 自攻螺钉　　　　　　　C. 沉头螺钉

（4）车门锁装置具有对车门的导向、定位和（　　　）的能力。

A. 防尘　　　　　　　　　B. 防振　　　　　　　　　C. 防水

（5）以下说法正确的是（　　　）。

A. 当启动了儿童安全锁止机构后，后车门是可以从里面开启的

B. 机械式车门锁不必经常清洁保养

C. 门锁机构具有两个挡位的锁紧位置——全锁紧和半锁紧

2. 简答题

（1）简述卡板式车门锁的工作原理。

（2）简述门锁机构的规范拆装方法。

二、技能考核

学习评价表 9-1 门锁机构的拆装考核标准

工作：门锁机构的拆装			实习日期：				
姓名：		班级：		学号：		教师签字：	
自评：□熟练 □不熟练		互评：□熟练 □不熟练		师评：□合格 □不合格			
序号	评分项	得分条件	分值	评分要求	自评	互评	师评
1	安全/7S/态度	□ 1. 能进行工位 7S 操作 □ 2. 能进行设备和工具安全检查 □ 3. 能进行车辆安全防护操作 □ 4. 能进行工具清洁、校准、存放操作 □ 5. 能进行三不落地操作	15	未完成 1 项扣 5 分，扣分不得超 15 分	□熟练 □不熟练	□熟练 □不熟练	□合格 □基本合格 □不合格
2	专业技能能力	□ 1. 能正确识别门锁机构相关零部件组成 □ 2. 能规范拆装门锁机构 □ 3. 能正确使用儿童锁功能	50	未完成 1 项扣 5 分，扣分不得超 50 分	□熟练 □不熟练	□熟练 □不熟练	□合格 □基本合格 □不合格
3	工具及设备的使用能力	□ 1. 能正确使用拆装工具 □ 2. 能正确使用专用工具 □ 3. 能正确使用扭力扳手	10	未完成 1 项扣 5 分，扣分不得超 10 分	□熟练 □不熟练	□熟练 □不熟练	□合格 □基本合格 □不合格
4	资料、信息查询能力	□ 1. 能正确使用维修手册查询资料 □ 2. 能在规定时间内查询所需资料 □ 3. 能正确记录所查询资料章节页码 □ 4. 能正确记录所需维修信息	10	未完成 1 项扣 5 分，扣分不得超 10 分	□熟练 □不熟练	□熟练 □不熟练	□合格 □基本合格 □不合格
5	数据判断和分析能力	□ 1. 能判断门锁机构是否正常 □ 2. 能分析判断门锁机构常见故障原因	10	未完成 1 项扣 5 分，扣分不得超 10 分	□熟练 □不熟练	□熟练 □不熟练	□合格 □基本合格 □不合格
6	表单填写与报告的撰写能力	□ 1. 字迹清晰 □ 2. 语句通顺 □ 3. 无错别字 □ 4. 无涂改 □ 5. 无抄袭	5	未完成 1 项扣 1 分，扣分不得超 5 分	□熟练 □不熟练	□熟练 □不熟练	□合格 □基本合格 □不合格
得分：							

学习任务 10　后视镜的拆装与调整

一、理论考核

1. 单选题（从备选答案中选择唯一正确答案）

（1）轿车的外后视镜镜面采用（　　　）制作。

A. 平面镜　　　　　　B. 凹面镜　　　　　　C. 凸面镜

（2）左侧后视镜调整要领：把水平线置于后视镜的（　　　）位置，然后再把车身的边缘调到占据镜面影像的 1/4。

A. 1/2　　　　　　　　B. 1/3　　　　　　　　C. 2/3

（3）当后视的距离和尺寸相同时，镜面的曲率半径越小，镜面反映的视野（　　　）。

A. 越小　　　　　　　B. 越大　　　　　　　C. 不变

（4）一般经济型轿车上安装的是（　　　）外后视镜。

A. 手动　　　　　　　B. 电动　　　　　　　C. 智能

（5）右侧后视镜调整要领：把水平线置于后视镜的（　　　）位置，然后再把车身的边缘调到占据镜面影像的 1/4。

A. 1/2　　　　　　　　B. 1/3　　　　　　　　C. 2/3

2. 多选题（从备选答案中选择两个或以上正确答案）

（1）后视镜按安装位置分可分为（　　　）。

A. 外后视镜　　　B. 下后视镜　　　C. 内后视镜　　　D. 上后视镜

（2）轿车及其他轻型乘用车一般只装配（　　　）。

A. 外后视镜　　　B. 内后视镜　　　C. 下后视镜　　　D. 辅助后视镜

（3）关于后视镜视界三要素有（　　　）。

A. 后视镜的功能　　　　　　　　　B. 驾驶员眼睛与后视镜的距离

C. 后视镜的尺寸大小　　　　　　　D. 后视镜的曲率半径

（4）组成外后视镜的主要零部件有（　　　）。

A. 安装底座　　　B. 外后视镜护罩　　　C. 外后视镜镜片　　　D. 外后视镜雨眉

（5）以下说法正确的有（　　　）

A. 车辆在行驶当中可以随时调整外后视镜的角度

B. 后视镜应安装在车身上下振动最小的位置上

C. 电动外后视镜的使用在没有接通电源的情况下也可以进行

D. 内后视镜一般通过球关节调整视角

3.简答题

（1）后视镜是如何分类的？

（2）简述外后视镜的规范拆装调整方法。

二、技能考核

学习评价表 10-1　外后视镜的拆装与调整考核标准

工作：外后视镜的拆装与调整				实习日期：			
姓名：		班级：		学号：		教师签字：	
自评：□熟练　□不熟练		互评：□熟练　□不熟练		师评：□合格　□不合格			
序号	评分项	得分条件	分值	评分要求	自评	互评	师评
1	安全/7S/态度	□1.能进行工位7S操作 □2.能进行设备和工具安全检查 □3.能进行车辆安全防护操作 □4.能进行工具清洁、校准、存放操作 □5.能进行三不落地操作	15	未完成1项扣5分，扣分不得超15分	□熟练 □不熟练	□熟练 □不熟练	□合格 □基本合格 □不合格
2	专业技能能力	□1.能正确识别外后视镜相关零部件组成 □2.能规范拆装外后视镜 □3.能正确调整外后视镜镜片角度	50	未完成1项扣5分，扣分不得超50分	□熟练 □不熟练	□熟练 □不熟练	□合格 □基本合格 □不合格
3	工具及设备的使用能力	□1.能正确使用拆装工具 □2.能正确使用专用工具 □3.能正确使用扭力扳手	10	未完成1项扣5分，扣分不得超10分	□熟练 □不熟练	□熟练 □不熟练	□合格 □基本合格 □不合格
4	资料、信息查询能力	□1.能正确使用维修手册查询资料 □2.能在规定时间内查询所需资料 □3.能正确记录所查询资料章节页码 □4.能正确记录所需维修信息	10	未完成1项扣5分，扣分不得超10分	□熟练 □不熟练	□熟练 □不熟练	□合格 □基本合格 □不合格
5	数据判断和分析能力	□1.能判断后视镜功能是否正常 □2.能分析判断电动外后视镜无法调整的常见故障原因	10	未完成1项扣5分，扣分不得超10分	□熟练 □不熟练	□熟练 □不熟练	□合格 □基本合格 □不合格
6	表单填写与报告的撰写能力	□1.字迹清晰 □2.语句通顺 □3.无错别字 □4.无涂改 □5.无抄袭	5	未完成1项扣1分，扣分不得超5分	□熟练 □不熟练	□熟练 □不熟练	□合格 □基本合格 □不合格
得分：							

学习任务 11　车门总成的拆装与调整

一、理论考核

1. 单选题（从备选答案中选择唯一正确答案）

（1）车门是车身的一个独立的（　　　）。

A. 覆盖件　　　　　　　B. 结构件　　　　　　　C. 装饰件

（2）车门一般通过（　　　）安装在车身上。

A. 整体焊接　　　　　　B. 铰链连接　　　　　　C. 铆接

（3）（　　　）是车门主要受力部件。

A. 车门内板　　　　　　B. 车门外板　　　　　　C. 车门附属件

（4）决定车门与车身间相对位置、控制开闭运动的装置是（　　　）。

A. 车门锁　　　　　　　B. 车门开度限位器　　　C. 车门铰链

（5）车门门闩又叫门锁扣，通常不能做（　　　）调整。

A. 上下　　　　　　　　B. 内外　　　　　　　　C. 前后

2. 多选题（从备选答案中选择两个或以上正确答案）

（1）车门的好坏，主要体现在（　　　）。

A. 车门的防撞性能　　B. 车门的密封性能

C. 车门的开合便利性　D. 车门的美观性

（2）车门内铰链通常采用（　　　）。

A. 单连杆式　　　　　B. 合页式　　　　　　C. 臂式　　　　　　D. 四连杆式

（3）车门的数量与轿车的用途和形式有密切关系，常见的有（　　　）等多种类型。

A. 二门　　　　　　　B. 三门　　　　　　　C. 四门　　　　　　D. 五门

（4）轿车常用的车门类型有（　　　）。

A. 窗框车门　　　　　　B. 冲压成形车门

C. 折叠式车门　　　　　D. 无窗框车门

（5）调整前车门总成一般是调整（　　　）

A. 与门框上沿之间的间隙面差

B. 与前翼子板之间的间隙面差

C. 与后车门之间的间隙面差

D. 与门槛板外板之间的间隙面差

3. 简答题

（1）车门有什么作用？

（2）简述车门总成的规范拆装与调整方法。

二、技能考核

学习评价表 11-1　车门总成的拆装与调整考核标准

工作：车门总成的拆装与调整				实习日期：			
姓名：		班级：		学号：		教师签字：	
自评：□熟练　□不熟练		互评：□熟练　□不熟练		师评：□合格　□不合格			
序号	评分项	得分条件	分值	评分要求	自评	互评	师评
1	安全/7S/态度	□1.能进行工位7S操作 □2.能进行设备和工具安全检查 □3.能进行车辆安全防护操作 □4.能进行工具清洁、校准、存放操作 □5.能进行三不落地操作	15	未完成1项扣5分，扣分不得超15分	□熟练 □不熟练	□熟练 □不熟练	□合格 □基本合格 □不合格
2	专业技能能力	□1.能正确识别车门总成相关零部件组成 □2.能规范拆装车门总成 □3.能正确调整车门与相邻各部件的间隙面差	50	未完成1项扣5分，扣分不得超50分	□熟练 □不熟练	□熟练 □不熟练	□合格 □基本合格 □不合格
3	工具及设备的使用能力	□1.能正确使用拆装工具 □2.能正确使用专用工具 □3.能正确使用扭力扳手	10	未完成1项扣5分，扣分不得超10分	□熟练 □不熟练	□熟练 □不熟练	□合格 □基本合格 □不合格
4	资料、信息查询能力	□1.能正确使用维修手册查询资料 □2.能在规定时间内查询所需资料 □3.能正确记录所查询资料章节页码 □4.能正确记录所需维修信息	10	未完成1项扣5分，扣分不得超10分	□熟练 □不熟练	□熟练 □不熟练	□合格 □基本合格 □不合格
5	数据判断和分析能力	□1.能判断车门铰链是否正常 □2.能判断车门开度限位器是否正常 □3.能判断车门与相邻各部件的间隙面差是否正常	10	未完成1项扣5分，扣分不得超10分	□熟练 □不熟练	□熟练 □不熟练	□合格 □基本合格 □不合格
6	表单填写与报告的撰写能力	□1.字迹清晰 □2.语句通顺 □3.无错别字 □4.无涂改 □5.无抄袭	5	未完成1项扣1分，扣分不得超5分	□熟练 □不熟练	□熟练 □不熟练	□合格 □基本合格 □不合格
得分：							

学习任务 12 车身密封条的拆装与更换

一、理论考核

1. 多选题（从备选答案中选择两个或以上正确答案）

（1）汽车密封条按材质的不同通常可分为（　　）。

A. 橡胶密封条　　　　　　　　　B. 塑料密封条

C. 复合型密封条　　　　　　　　D. 热塑性弹性体密封条

（2）汽车密封条按断面形状不同一般可分为（　　）。

A. 圆形　　　　　　　　　　　　B. 方形

C. 扁平形　　　　　　　　　　　D. 三角形

（3）汽车密封条的主要作用有（　　）。

A. 防水　　　　　　　　　　　　B. 防尘

C. 隔声　　　　　　　　　　　　D. 密封

（4）汽车密封条必须具有（　　）等特性。

A. 很强的拉伸强度　　　　　　　B. 良好的弹性

C. 较好的耐温性　　　　　　　　D. 耐老化性

（5）以下说法不正确的有（　　）。

A. 车身密封条永远不需要更换

B. 安装车门框密封条时可以不用分清前后位置

C. 更换新的车身密封条最好测试一下是否漏水

D. 安装汽车密封条时可用铁锤用力拍打使之更加牢靠

2. 简答题

（1）汽车密封条都有哪些功用及特点？

（2）车门框密封条的首尾连接处为何放置在车身下部？

二、技能考核

学习评价表 12-1　车身密封条的拆装考核标准

工作：车身密封条的拆装				实习日期：				
姓名：		班级：		学号：			教师签字：	
自评：□熟练　□不熟练		互评：□熟练　□不熟练		师评：□合格　□不合格				
序号	评分项	得分条件		分值	评分要求	自评	互评	师评
1	安全/7S/态度	□1. 能进行工位 7S 操作 □2. 能进行设备和工具安全检查 □3. 能进行车辆安全防护操作 □4. 能进行工具清洁、校准、存放操作 □5. 能进行三不落地操作		15	未完成1项扣5分，扣分不得超15分	□熟练 □不熟练	□熟练 □不熟练	□合格 □基本合格 □不合格
2	专业技能能力	□1. 能正确识别车身常见的各类密封条 □2. 能规范拆装车身密封条		50	未完成1项扣5分，扣分不得超50分	□熟练 □不熟练	□熟练 □不熟练	□合格 □基本合格 □不合格
3	工具及设备的使用能力	□1. 能正确使用拆装工具 □2. 能正确使用专用工具 □3. 能正确使用橡胶锤		10	未完成1项扣5分，扣分不得超10分	□熟练 □不熟练	□熟练 □不熟练	□合格 □基本合格 □不合格
4	资料、信息查询能力	□1. 能正确使用维修手册查询资料 □2. 能在规定时间内查询所需资料 □3. 能正确记录所查询资料章节页码 □4. 能正确记录所需维修信息		10	未完成1项扣5分，扣分不得超10分	□熟练 □不熟练	□熟练 □不熟练	□合格 □基本合格 □不合格
5	数据判断和分析能力	□1. 能判断密封条是否密封良好 □2. 能判断密封条安装位置是否正确		10	未完成1项扣5分，扣分不得超10分	□熟练 □不熟练	□熟练 □不熟练	□合格 □基本合格 □不合格
6	表单填写与报告的撰写能力	□1. 字迹清晰 □2. 语句通顺 □3. 无错别字 □4. 无涂改 □5. 无抄袭		5	未完成1项扣1分，扣分不得超5分	□熟练 □不熟练	□熟练 □不熟练	□合格 □基本合格 □不合格
得分：								

学习任务 13　车身装饰件的拆装与更换

一、理论考核

1. 单选题（从备选答案中选择唯一正确答案）

（1）车身内装饰板的材质一般为（　　）。

A. 橡胶　　　　　　　　　B. 塑料　　　　　　　　　C. 纳米材料

（2）车门内饰板的固定方式通常是（　　）。

A. 卡扣连接　　　　　　　B. 螺钉连接　　　　　　　C. 铆钉连接

（3）拆卸内饰板的工具使用最多的是（　　）。

A. 一字螺丝刀　　　　　　B. 塑料卡扣拆卸器　　　　C. 尖嘴钳

（4）拆装车顶棚时一般要通过（　　）移出或移进。

A. 前门　　　　　　　　　B. 后门　　　　　　　　　C. 行李舱

（5）以下说法正确的是（　　）。

A. 扰流板又叫尾翼，其主要作用是装饰美观

B. 内饰板脏了最好使用酒精擦拭

C. 拆卸车身内外装饰件时需格外小心，防止损坏内饰件或划伤漆面

2. 简答题

（1）车身外饰件一般有哪些固定方法？

（2）简述车顶篷的规范拆装方法。

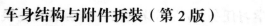

车身结构与附件拆装（第2版）

二、技能考核

学习评价表 13-1　车身装饰件的拆装考核标准

工作：车身装饰件的拆装			实习日期：			
姓名：		班级：	学号：			教师签字：
自评：□熟练　□不熟练		互评：□熟练　□不熟练	师评：□合格　□不合格			

序号	评分项	得分条件	分值	评分要求	自评	互评	师评
1	安全/7S/态度	□1.能进行工位7S操作 □2.能进行设备和工具安全检查 □3.能进行车辆安全防护操作 □4.能进行工具清洁、校准、存放操作 □5.能进行三不落地操作	15	未完成1项扣5分，扣分不得超15分	□熟练 □不熟练	□熟练 □不熟练	□合格 □基本合格 □不合格
2	专业技能能力	□1.能正确识别车身常见的各类装饰件 □2.能规范拆装车身内装饰件 □3.能规范拆装车身外装饰件	50	未完成1项扣5分，扣分不得超50分	□熟练 □不熟练	□熟练 □不熟练	□合格 □基本合格 □不合格
3	工具及设备的使用能力	□1.能正确使用拆装工具 □2.能正确使用专用工具	10	未完成1项扣5分，扣分不得超10分	□熟练 □不熟练	□熟练 □不熟练	□合格 □基本合格 □不合格
4	资料、信息查询能力	□1.能正确使用维修手册查询资料 □2.能在规定时间内查询所需资料 □3.能正确记录所查询资料章节页码 □4.能正确记录所需维修信息	10	未完成1项扣5分，扣分不得超10分	□熟练 □不熟练	□熟练 □不熟练	□合格 □基本合格 □不合格
5	数据判断和分析能力	□1.能判断装饰板的安装位置 □2.能判断拆卸后装饰板是否损坏	10	未完成1项扣5分，扣分不得超10分	□熟练 □不熟练	□熟练 □不熟练	□合格 □基本合格 □不合格
6	表单填写与报告的撰写能力	□1.字迹清晰 □2.语句通顺 □3.无错别字 □4.无涂改 □5.无抄袭	5	未完成1项扣1分，扣分不得超5分	□熟练 □不熟练	□熟练 □不熟练	□合格 □基本合格 □不合格
得分：							

学习任务 14　汽车风窗玻璃的拆装与更换

一、理论考核

1. 单选题（从备选答案中选择唯一正确答案）

（1）目前轿车的前风窗玻璃一般采用的是（　　）。

A. 钢化玻璃　　　　　　　　B. 夹层玻璃　　　　　　　　C. 特殊玻璃

（2）下列描述中不正确的是（　　）。

A. 涂刷底涂的作用主要是改善粘接效果

B. 旧玻璃上一般不需要涂刷底涂

C. 涂刷底涂后应立即涂胶

（3）刚刚粘贴过车身玻璃的车，（　　）可以使用。

A. 立刻　　　　　　　　　　B. 6~8 h 以后　　　　　　　C. 24 h 以后

（4）涂胶时胶嘴与被涂表面呈（　　）角为宜。

A. 45°　　　　　　　　　　 B. 90°　　　　　　　　　　 C. 大于 90°

（5）当多余的胶溢出时，应（　　）。

A. 立即擦拭干净　　　　　　B. 30 min 以后再清除

C. 待玻璃胶完全固化后再清除

2. 简答题

（1）汽车风窗玻璃有哪些作用？

（2）简述前风窗玻璃的规范拆装方法。

车身结构与附件拆装（第2版）

二、技能考核

学习评价表 14-1　汽车风窗玻璃的拆装与更换考核标准

工作：汽车风窗玻璃的拆装与更换				实习日期：			
姓名：		班级：		学号：		教师签字：	
自评：□熟练　□不熟练		互评：□熟练　□不熟练		师评：□合格　□不合格			
序号	评分项	得分条件	分值	评分要求	自评	互评	师评
1	安全/7S/态度	□1. 能进行工位7S操作 □2. 能进行设备和工具安全检查 □3. 能进行车辆安全防护操作 □4. 能进行工具清洁、校准、存放操作 □5. 能进行三不落地操作	15	未完成1项扣5分，扣分不得超15分	□熟练 □不熟练	□熟练 □不熟练	□合格 □基本合格 □不合格
2	专业技能能力	□1. 能正确找到汽车VIN号的位置 □2. 能正确描述前风窗玻璃规范拆装步骤 □3. 能正确描述后风窗玻璃规范拆装步骤	50	未完成1项扣5分，扣分不得超50分	□熟练 □不熟练	□熟练 □不熟练	□合格 □基本合格 □不合格
3	工具及设备的使用能力	□1. 能正确使用拆装工具 □2. 能正确使用专用工具 □3. 能正确使用扭力扳手	10	未完成1项扣5分，扣分不得超10分	□熟练 □不熟练	□熟练 □不熟练	□合格 □基本合格 □不合格
4	资料、信息查询能力	□1. 能正确使用维修手册查询资料 □2. 能在规定时间内查询所需资料 □3. 能正确记录所查询资料章节页码 □4. 能正确记录所需维修信息	10	未完成1项扣5分，扣分不得超10分	□熟练 □不熟练	□熟练 □不熟练	□合格 □基本合格 □不合格
5	数据判断和分析能力	□1. 能判断前、后风窗玻璃安装是否正确 □2. 能判断风窗玻璃安装后是否漏水	10	未完成1项扣5分，扣分不得超10分	□熟练 □不熟练	□熟练 □不熟练	□合格 □基本合格 □不合格
6	表单填写与报告的撰写能力	□1. 字迹清晰 □2. 语句通顺 □3. 无错别字 □4. 无涂改 □5. 无抄袭	5	未完成1项扣1分，扣分不得超5分	□熟练 □不熟练	□熟练 □不熟练	□合格 □基本合格 □不合格
得分：							

学习任务 15　汽车座椅及安全带的拆装与更换

一、理论考核

1. 单选题（从备选答案中选择唯一正确答案）

（1）轿车座椅按表层材质一般可分为织布座椅和（　　）座椅。

A. 真皮　　　　　　　　　B. 木质　　　　　　　　　C. 塑料

（2）儿童座椅通常安装在汽车的（　　）上。

A. 前座　　　　　　　　　B. 后座　　　　　　　　　C. 前座与后座之间

（3）轿车目前普遍使用的是（　　）安全带。

A. 两点式　　　　　　　　B. 三点式　　　　　　　　C. 四点式

（4）前座椅不能进行（　　）调节。

A. 前后　　　　　　　　　B. 左右　　　　　　　　　C. 高低

（5）以下说法正确的是（　　）。

A. 可以使用化学清洗剂清洗真皮座椅污物

B. 前座椅的调整可以在车辆行驶状态时进行

C. 预张紧式安全带的最大特点是能消除安全带与身体之间的间隙，减小乘员的位移

2. 零部件识别题（按序号填入相应零部件的正确名称）

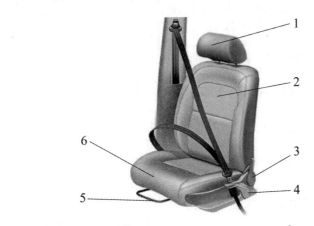

图中：1—_____；2—_____；3—_____；

4—_____；5—_____；6—_____

3. 简答题

（1）汽车座椅是如何分类的？

（2）简述前排座椅的规范拆装方法。

二、技能考核

学习评价表 15-1　汽车座椅及安全带拆装与更换考核标准

工作：汽车座椅及安全带的拆装与更换			实习日期：				
姓名：		班级：		学号：		教师签字：	
自评：□熟练　□不熟练		互评：□熟练　□不熟练		师评：□合格　□不合格			
序号	评分项	得分条件	分值	评分要求	自评	互评	师评
1	安全/7S/态度	□1. 能进行工位 7S 操作 □2. 能进行设备和工具安全检查 □3. 能进行车辆安全防护操作 □4. 能进行工具清洁、校准、存放操作 □5. 能进行三不落地操作	15	未完成1项扣5分，扣分不得超15分	□熟练 □不熟练	□熟练 □不熟练	□合格 □基本合格 □不合格
2	专业技能能力	□1. 能正确识别汽车座椅相关零部件组成 □2. 能规范拆装汽车座椅 □3. 能规范拆装安全带	50	未完成1项扣5分，扣分不得超50分	□熟练 □不熟练	□熟练 □不熟练	□合格 □基本合格 □不合格
3	工具及设备的使用能力	□1. 能正确使用拆装工具 □2. 能正确使用专用工具 □3. 能正确使用扭力扳手	10	未完成1项扣5分，扣分不得超10分	□熟练 □不熟练	□熟练 □不熟练	□合格 □基本合格 □不合格
4	资料、信息查询能力	□1. 能正确使用维修手册查询资料 □2. 能在规定时间内查询所需资料 □3. 能正确记录所查询资料章节页码 □4. 能正确记录所需维修信息	10	未完成1项扣5分，扣分不得超10分	□熟练 □不熟练	□熟练 □不熟练	□合格 □基本合格 □不合格
5	数据判断和分析能力	□1. 能判断汽车座椅安装是否牢固 □2. 能判断安全带安装是否牢固	10	未完成1项扣5分，扣分不得超10分	□熟练 □不熟练	□熟练 □不熟练	□合格 □基本合格 □不合格
6	表单填写与报告的撰写能力	□1. 字迹清晰 □2. 语句通顺 □3. 无错别字 □4. 无涂改 □5. 无抄袭	5	未完成1项扣1分，扣分不得超5分	□熟练 □不熟练	□熟练 □不熟练	□合格 □基本合格 □不合格
得分：							

学习任务 16　汽车仪表台的拆装与更换

一、理论考核

1. 单选题（从备选答案中选择唯一正确答案）

（1）汽车仪表台总成安装在（　　　　）上。

A. 前围上盖板总成　　　　　B. 前围下盖板总成　　　　　C. 前地板总成

（2）汽车仪表台多采用（　　　　）结构。

A. 硬化　　　　　　　　　　B. 软化　　　　　　　　　　C. 中空

（3）一般轿车的仪表台采用（　　　　）做蒙皮。

A. 人造革　　　　　　　　　B. 真皮　　　　　　　　　　C. 桃芯木

（4）拆装汽车仪表台一般需要（　　　　）完成。

A. 一人　　　　　　　　　　B. 两人　　　　　　　　　　C. 三人

（5）下列描述正确的是（　　　　）。

A. 仪表台上部凸起，形成平台，贯穿全长，与前排座椅相对应

B. 现代汽车仪表台只有驾驶员侧配备了安全气囊

C. 汽车仪表台主要包括骨架、蒙皮和中间发泡层三部分

2. 零部件识别题（按序号填入相应零部件的正确名称）

图中：1—＿＿＿＿＿＿＿＿＿＿＿＿＿；2—＿＿＿＿＿＿＿＿＿＿＿＿；3—＿＿＿＿＿＿＿＿＿＿＿＿；

4—＿＿＿＿＿＿＿＿＿＿＿＿＿；5—＿＿＿＿＿＿＿＿＿＿＿＿；6—＿＿＿＿＿＿＿＿＿＿＿＿

3. 简答题

（1）汽车仪表台有何特点？

（2）简述汽车仪表台的规范拆装方法。

二、技能考核

学习评价表 16-1　汽车仪表台的拆装考核标准

工作：汽车仪表台的拆装				实习日期：			
姓名：		班级：		学号：		教师签字：	
自评：□熟练　□不熟练		互评：□熟练　□不熟练		师评：□合格　□不合格			
序号	评分项	得分条件	分值	评分要求	自评	互评	师评
1	安全/7S/态度	□1.能进行工位7S操作 □2.能进行设备和工具安全检查 □3.能进行车辆安全防护操作 □4.能进行工具清洁、校准、存放操作 □5.能进行三不落地操作	15	未完成1项扣5分，扣分不得超15分	□熟练 □不熟练	□熟练 □不熟练	□合格 □基本合格 □不合格
2	专业技能能力	□1.能正确识别汽车仪表台相关零部件组成 □2.能规范拆装地板地毯 □3.能正确叙述汽车仪表台的规范拆装方法	50	未完成1项扣5分，扣分不得超50分	□熟练 □不熟练	□熟练 □不熟练	□合格 □基本合格 □不合格
3	工具及设备的使用能力	□1.能正确使用拆装工具 □2.能正确使用专用工具 □3.能正确使用扭力扳手	10	未完成1项扣5分，扣分不得超10分	□熟练 □不熟练	□熟练 □不熟练	□合格 □基本合格 □不合格
4	资料、信息查询能力	□1.能正确使用维修手册查询资料 □2.能在规定时间内查询所需资料 □3.能正确记录所查询资料章节页码 □4.能正确记录所需维修信息	10	未完成1项扣5分，扣分不得超10分	□熟练 □不熟练	□熟练 □不熟练	□合格 □基本合格 □不合格
5	数据判断和分析能力	□1.能判断仪表电气开关是否正常工作 □2.能判断分析故障灯点亮的常见故障原因	10	未完成1项扣5分，扣分不得超10分	□熟练 □不熟练	□熟练 □不熟练	□合格 □基本合格 □不合格
6	表单填写与报告的撰写能力	□1.字迹清晰 □2.语句通顺 □3.无错别字 □4.无涂改 □5.无抄袭	5	未完成1项扣1分，扣分不得超5分	□熟练 □不熟练	□熟练 □不熟练	□合格 □基本合格 □不合格
得分：							

学习任务 17　汽车天窗机构的拆装与调整

一、理论考核

1. 单选题（从备选答案中选择唯一正确答案）

（1）汽车天窗玻璃采用的是（　　　）。

A. 夹层玻璃　　　　　　B. 钢化玻璃　　　　　　C. 防爆玻璃

（2）使用天窗最大的顾虑就是（　　　）。

A. 漏雨漏水　　　　　　B. 进灰尘　　　　　　C. 玻璃爆裂

（3）在极为颠簸的道路上（　　　）。

A. 可以完全打开天窗　　　　　　　　　B. 最好不要完全打开天窗

C. 必须完全关闭天窗

（4）较新的天窗若出现漏水的情况，一般首先应查看（　　　）。

A. 密封条是否老化　　　B. 开关是否自如　　　C. 排水口是否堵了

（5）为了防止误操作带来的危险，电动天窗机构一般具备（　　　）功能。

A. 提示　　　　　　　　B. 防夹　　　　　　　C. 自动关闭

2. 多选题（从备选答案中选择两个或以上正确答案）

（1）汽车天窗按驱动方式的不同可分为（　　　）。

A. 手动式　　　　　B. 声控式　　　　　C. 电动式　　　　　D. 记忆式

（2）汽车天窗按开启方向不同可分为（　　　）。

A. 内藏式　　　　　B. 外倾式　　　　　C. 全景式　　　　　D. 内倾式

（3）汽车天窗的三大功能有（　　　）。

A. 可以快速降温　　　　　　　　　B. 可以在倾翻事故中保护乘员安全

C. 可以消除雾气　　　　　　　　　D. 可以快速换新鲜空气

（4）汽车电动天窗主要有（　　　）等组成。

A. 滑动机构　　　　B. 驱动机构　　　　C. 控制系统　　　　D. 开关

（5）以下说法不正确的有（　　　）。

A. 冬季寒冷季节可以直接开启天窗机构

B. 天窗可以像车窗一样频繁使用

C. 拆装天窗机构时要小心谨慎，防止天窗轨道变形

D. 安装天窗机构后一定要多试试，查看是否漏水

3.简答题

（1）电动天窗机构一般由哪四部分组成？

（2）简述电动天窗机构的规范拆装方法。

二、技能考核

学习评价表 17-1　电动天窗机构的拆装考核标准

工作：电动天窗机构的拆装				实习日期：			
姓名：		班级：		学号：			教师签字：
自评：□熟练　□不熟练		互评：□熟练　□不熟练		师评：□合格　□不合格			
序号	评分项	得分条件	分值	评分要求	自评	互评	师评
1	安全/7S/态度	□1.能进行工位7S操作 □2.能进行设备和工具安全检查 □3.能进行车辆安全防护操作 □4.能进行工具清洁、校准、存放操作 □5.能进行三不落地操作	15	未完成1项扣5分，扣分不得超15分	□熟练 □不熟练	□熟练 □不熟练	□合格 □基本合格 □不合格
2	专业技能能力	□1.能正确识别电动天窗机构的主要零部件组成 □2.能规范拆装电动天窗机构 □3.能正确对天窗机构进行初始化	50	未完成1项扣5分，扣分不得超50分	□熟练 □不熟练	□熟练 □不熟练	□合格 □基本合格 □不合格
3	工具及设备的使用能力	□1.能正确使用拆装工具 □2.能正确使用专用工具 □3.能正确使用扭力扳手	10	未完成1项扣5分，扣分不得超10分	□熟练 □不熟练	□熟练 □不熟练	□合格 □基本合格 □不合格
4	资料、信息查询能力	□1.能正确使用维修手册查询资料 □2.能在规定时间内查询所需资料 □3.能正确记录所查询资料章节页码 □4.能正确记录所需维修信息	10	未完成1项扣5分，扣分不得超10分	□熟练 □不熟练	□熟练 □不熟练	□合格 □基本合格 □不合格
5	数据判断和分析能力	□1.能判断天窗机构安装是否正确 □2.能分析判断天窗机构常见故障原因	10	未完成1项扣5分，扣分不得超10分	□熟练 □不熟练	□熟练 □不熟练	□合格 □基本合格 □不合格
6	表单填写与报告的撰写能力	□1.字迹清晰 □2.语句通顺 □3.无错别字 □4.无涂改 □5.无抄袭	5	未完成1项扣1分，扣分不得超5分	□熟练 □不熟练	□熟练 □不熟练	□合格 □基本合格 □不合格
得分：							